PAZ, ALEGRIA, FRUSTRAÇÃO

Dados Internacionais de Catalogação na Publicação (CIP)
(Câmara Brasileira do Livro, SP, Brasil)

Grün, Anselm
  Paz, alegria, frustração? : o que é importante para uma boa convivência / Anselm Grün ; tradução de Markus A. Hediger. – Petrópolis, RJ : Vozes, 2022.

  Título original: Friede, Freude, Frust?
  Bibliografia
  ISBN 978-65-5713-500-6

  1. Beneditinos 2. Comunidade cristã 3. Conduta de vida 4. Espiritualidade 5. Relacionamento interpessoal I. Título.

22-110126 CDD-248.4

Índices para catálogo sistemático:
1. Comunidades cristãs ; Vida cristã   248.4

Cibele Maria Dias – Bibliotecária – CRB-8/9427

ANSELM GRÜN

PAZ, ALEGRIA, FRUSTRAÇÃO

O QUE É IMPORTANTE PARA
UMA BOA CONVIVÊNCIA

Tradução de Markus A. Hediger

EDITORA VOZES

Petrópolis

© 2020 Vier-Türme GmbH, Münsterschwarzach.

Tradução realizada a partir do original em alemão intitulado *Friede, Freude, Frust? . Was für ein gutes Zusammenleben Wicht ist.*

Direitos de publicação em língua portuguesa – Brasil:
2022, Editora Vozes Ltda.
Rua Frei Luís, 100
25689-900 Petrópolis, RJ
www.vozes.com.br
Brasil

Todos os direitos reservados. Nenhuma parte desta obra poderá ser reproduzida ou transmitida por qualquer forma e/ou quaisquer meios (eletrônico ou mecânico, incluindo fotocópia e gravação) ou arquivada em qualquer sistema ou banco de dados sem permissão escrita da editora.

CONSELHO EDITORIAL

Diretor
Gilberto Gonçalves Garcia

Editores
Aline dos Santos Carneiro
Edrian Josué Pasini
Marilac Loraine Oleniki
Welder Lancieri Marchini

Conselheiros
Francisco Morás
Ludovico Garmus
Teobaldo Heidemann
Volney J. Berkenbrock

Secretário executivo
Leonardo A.R.T. dos Santos

Diagramação: Sheilandre Desenv. Gráfico
Revisão gráfica: Rúbia Campos
Capa: Érico Lebedenco

ISBN 978-65-5713-500-6 (Brasil)
ISBN 978-3-7365-0320-5 (Alemanha)

Este livro foi composto e impresso pela Editora Vozes Ltda.

Sumário

Introdução – Anseio por comunhão e individualismo, 7

Realismo em vez de idealização, 11

Aguentar e suportar, 25

Permitir que o outro seja como é, 41

Aceitar as diferenças, 51

Concentrar-se naquilo que realmente importa, 57

Convívio respeitoso com as coisas, 65

Desculpar e perdoar, 73

Ser um, 81

Considerações finais, 91

Referências, 93

Introdução
Anseio por comunhão e individualismo

Vivemos num tempo de mudanças radicais. De um lado, vemos que muitos modelos antigos de comunhão não funcionam mais: igrejas e partidos estão perdendo membros, mas também muitas associações nas quais, antigamente, muitas pessoas se uniam para compartilhar determinados interesses comuns e vivenciar comunhão têm dificuldades de encontrar novos membros, ao mesmo tempo em que a geração antiga está morrendo. Evidentemente, os jovens não se interessam mais por esse tipo de comunhão. Não encontram aqui o tipo de convívio pelo qual anseiam. De outro, existe mesmo assim um grande anseio por comunhão. Talvez esse anseio nunca tenha sido maior. Certamente, hoje em dia, é muito mais fácil graças à internet entrar em contato com alguém e criar comunidades virtuais. Nesses grupos de interesses em diferentes plataformas vivenciamos pertença, mesmo que de forma totalmente diferente do que antigamente nas associações. Além disso existem novas formas de comunhão, por exemplo, quando participamos de iniciativas de cidadania e de outras reuniões voltadas para um propósito determinado. Muitas vezes, são apenas alianças temporárias. Mas nem mesmo essas comunidades estão tendo uma vida fácil. Muitas vezes surgem conflitos quando as pessoas se aproximam umas das outras. Então se evidenciam as opiniões diferentes e nem sempre essas diferenças são resolvidas de maneira saudável. Muitas vezes, expectativas exageradas em relação à comunidade impedem um convívio positivo. Quando esperamos demais, a realidade nos decepciona ainda mais.

Hoje em dia, um obstáculo na criação de comunidades é o individualismo crescente. As pessoas querem preservar sua liberdade e satisfazer suas próprias necessidades. Elas têm dificuldades de se envolver com outros, de se entregar à comunidade e aceitar limitações de sua liberdade. De um lado, o individualismo é uma chance para não permitir que a comunidade se apodere do indivíduo, deixando-o livre. De outro, os individualistas não conseguem assumir um compromisso com uma comunidade e se submeter às suas estruturas. Mas até mesmo numa comunidade de individualistas são necessárias posturas que permitam um convívio saudável.

Apesar de tudo, o anseio por comunhão continua a existir. Isso se evidencia de maneira especialmente clara numa crise, como pudemos observar recentemente logo após a irrupção da pandemia do coronavírus. De repente, surge uma nova solidariedade com as pessoas afetadas. Comunidades domésticas, por exemplo, oferecem ajuda aos idosos na hora de fazer compras. Existe, portanto, uma sensibilidade para um convívio. É claro que, também na crise, existem pessoas que só pensam em si mesmas, sem respeito aos outros. Mas vemos sempre as duas tendências: o anseio de superar dificuldades juntos e de demonstrar solidariedade uns com os outros, e a tendência de se importar apenas consigo mesmo, sem pensar na comunidade ou na sociedade.

O que vale para os diferentes grupos dentro da sociedade vale também para as famílias. Aqui, os cônjuges também demonstram dificuldades de resolver conflitos e de lutar por uma boa comunhão. As expectativas do outro costumam ser tão altas, que ele se afasta decepcionado quando o amor diminui um pouco. O amor é confundido com um sentimento. Valores como lealdade e perseverança não valem mais para muitos nos dias de hoje.

Durante os cursos, quando ofereço conversas individuais, a maioria dessas conversas giram em torno de dificuldades relacionais, em torno de problemas no casamento, na família ou de conflitos na empresa, em associações ou paróquias. Evidentemente, hoje em dia já não é mais tão fácil perseverar em conflitos no casamento ou lidar com conflitos nas associações e empresas. Em todo caso, muitos estão à procura de ajuda para conviver bem com os outros.

Há 1.500 anos, existem comunidades beneditinas. Aqui você certamente também não encontrará um "mundo perfeito". Mas os monges conseguem conviver e suportar uns aos outros. Apesar das diferentes personalidades, eles conseguem conviver de modo saudável uns com os outros. Na longa tradição das comunidades beneditinas, formaram-se regras e posturas que possibilitam o sucesso do convívio. Sobretudo, porém, as comunidades beneditinas devem a sua existência secular à sabedoria da Regra, que São Bento de Núrsia escreveu para os seus monges no século VI. Por isso, quero aproveitar, neste livro, os impulsos da *Regra de São Bento* e as experiências dos 55 anos de minha afiliação a uma comunidade beneditina que podem nos ajudar a conviver uns com os outros e não a viver uns contra os outros. As antigas sabedorias da *Regra de São Bento* poderiam ser como uma visão do futuro sobre como a sociedade poderia funcionar nos dias de hoje, como um convívio nos diversos grupos da sociedade poderia ser possível.

Em oito meditações, quero refletir sobre alguns aspectos do convívio bem-sucedido. Oito é o número da transcendência. Uma comunidade jamais basta a si mesma. Ela sempre está aberta para algo que a transcende, para algo que lhe dá sentido, mas também para o mistério de Deus.

Realismo em vez de idealização

No início das comunidades beneditinas certamente também existiram noções ideias. Os Padres da Igreja justificaram a vida monástica como comunidade principalmente com o versículo 1 do Salmo 133: "Como é bom e agradável irmãos viverem unidos!" Agostinho comenta sobre esse versículo: "Pois este texto dos salmos, este doce som, esta melodia agradável tanto para o ouvido quanto para o entendimento, fundou também os mosteiros. Este som despertou os confrades que desejavam morar juntos" (*Enarrationes in Psalmos* 132,2, citado na edição de Beuron da *Regra de São Bento*, 16).

Originalmente, os monges eram eremitas. Lucas descreve nos Atos dos Apóstolos uma imagem idealizada da igreja primitiva, mas foi justamente esta que despertou nos monges o anseio pela comunhão fraternal. Alguns teólogos falam da "saudade da igreja primitiva" que se manifestou aqui. No início das comunidades monásticas, certamente prevalecia esse ideal da igreja primitiva. Lucas descreve a congregação primitiva em Jerusalém desta maneira: "Todos que tinham fé viviam unidos, tendo todos os bens em comum. Vendiam as propriedades e os bens e dividiam o dinheiro com todos, segundo a necessidade de cada um. Todos os dias se reuniam, unânimes, no Templo. Partiam o pão nas casas e comiam com alegria e simplicidade de coração. Louvavam a Deus e gozavam da simpatia de todo o povo. Cada dia o Senhor lhes ajuntava outros a caminho da salvação" (At 2,44-47).

Parece maravilhoso – e talvez não muito realista. Nos Atos dos Apóstolos, encontramos também muitas situações em que surgiram conflitos e em que esse ideal não foi mantido. Houve brigas entre os cristãos de orientação judaica e os helenistas, que, como cristãos, tinham recebido uma educação grega. Mas a despeito de todos os conflitos, os cristãos fizeram a experiência de que um novo convívio havia surgido entre eles, um convívio entre homens e mulheres, judeus e gregos, pobres e ricos, jovens e velhos. Para Lucas, essa experiência era um sinal de que o reino de Deus realmente havia chegado através de Jesus.

Mesmo que São Bento tenha vislumbrado o ideal da igreja primitiva em Jerusalém, em momento algum sua Regra se rende à tentação de idealizar a comunidade dos monges. Ao contrário, ele supõe conflitos diários. E ele sabe que alguns monges não seguirão a Regra e que fugirão da ordem habitual. Assim ele ordena que, no final das duas horas de oração, depois das laudes e das vésperas, o abade reze em voz alta o pai-nosso, "de modo que todos ouçam, por causa dos espinhos de escândalos que costumam surgir" (Regra de São Bento 13,12).

O pai-nosso recitado em alta voz deve purificar diariamente a atmosfera na comunidade. Mas São Bento sabe que, mesmo assim, haverá turvações diárias no convívio, que os confrades magoarão uns aos outros, que alguns confrades se sentirão ignorados. São Bento sabe que a comunidade não é um mundo perfeito. Os conflitos podem envenenar a atmosfera. Por isso, faz-se necessário um ritual diário para diluir o veneno e clarear as turvações.

Nos capítulos da Regra que tratam da disciplina, São Bento escreve que, com frequência, aparece "algum irmão teimoso ou desobediente, soberbo ou murmurador" (*Regra de São Bento* 23,1). Alguns não obedecem à Regra, não permitem que ela os restrinja. Em sua soberba, eles se colocam acima da Regra e acima da comunidade. Eles menosprezam os confrades, murmuram, estão insatisfeitos consigo mesmos e com a situação e criticam tudo. Acreditam que a comunidade é a causa de sua insatisfação. Mas eles não se confrontam com a própria realidade.

São Bento condena duramente a prática de murmurar. Evidentemente, ele tinha vivenciado isso como um grande problema nas comunidades.

Murmurar significa procurar a culpa sempre nos outros, significa projetar sua própria insatisfação sobre os outros. O murmurador se sente como vítima e se recusa a assumir a responsabilidade pelo estado da comunidade. Murmurar envenena a atmosfera e divide a comunidade.

Ainda hoje, murmurar é um problema em muitas comunidades. Existem pessoas em empresas que envenenam a atmosfera criticando tudo na firma por trás das costas dos outros. Não veem nada de bom no chefe, sempre reclamam dos colegas. O murmurador sempre precisa de cúmplices.

Eles instigam os outros contra o chefe ou os gerentes. Muitas vezes, porém, essa prática de murmurar se transforma em assédio moral contra colegas que são diferentes. Por serem diferentes, os murmuradores falam mal deles.

Os murmuradores exercem poder sobre os outros. Quem não acatar sua opinião, quem não se adaptar e não murmurar com eles é excluído e zombado. Ele é chamado de ambicioso ou queridinho do chefe. Isso acontece não só em empresas, mas começa já na escola. Crianças também podem ser cruéis e atacar outras crianças com um desempenho melhor, como CDFs. Muitas vezes, os murmuradores que definem a atmosfera na escola ou na empresa não assumem nenhuma responsabilidade na comunidade, mas são sempre os primeiros a acusarem os outros de fracassos ou falta de liderança.

Naturalmente existe também a crítica justificada contra uma empresa ou seus responsáveis. Mas uma crítica justificada sempre é apresentada abertamente, pois a intenção dessa crítica é querer alcançar uma mudança real. Mas quando enveneno a atmosfera com a minha insatisfação, denigrando tudo, eu me escondo por trás desse método. Eu não estou disposto a suportar o confronto ou a fazer sugestões para melhorar uma situação. Falo por trás das costas dos outros, mas apenas em grupos pequenos, com pessoas que compartilham minha opinião. Esses grupos, porém, são capazes de dificultar o trabalho de todos numa empresa. Os funcionários percebem que a atmosfera é negativa, mas não conseguem dizer exatamente por quê.

São Bento exige do abade que ele exclua os confrades murmuradores temporariamente da mesa e da oração comunal.

Hoje em dia, isso não é mais possível. Mas é importante isolar os murmuradores. O isolamento não deve partir de cima, dos chefes e responsáveis, mas deve ser iniciado pela comunidade dos funcionários. Eles tiram o poder do murmurador quando não permitem que sejam contagiados por sua insatisfação. Devem confrontá-lo com o fato de que a crítica deve ser feita diante da pessoa apropriada. Quando o murmurador perde seus cúmplices, ele acaba desistindo. Ele sente que suas reclamações não encontram solo fértil nos outros e que ele está se isolando cada vez mais.

São Bento insiste que o abade deve cuidar sobretudo dos confrades que cometeram um erro. Como justificação, ele cita a palavra de Jesus: "Não é para os sadios que o médico é necessário, mas para os que estão doentes" (*Regra de São Bento* 27,1; cf. Mt 9,12).

O abade deve proceder como um médico sábio e consolar o irmão que errou, "para que não seja absorvido por demasiada tristeza" (*Regra de São Bento* 27,3). São Bento adverte o abade a se conscientizar sempre de "ter recebido a cura das almas enfermas, e não a tirania sobre as sãs" (*Regra de São Bento* 27,6). Por isso, ele lhe apresenta a imagem do bom pastor. Como Jesus, ele deve procurar a ovelha perdida e carregá-la em seus ombros para levá-la de volta para o rebanho.

São Bento exige que o abade extermine o vício da murmuração, mas ele deve ir ao encontro do murmurador como um bom pastor e ver nele uma ovelha perdida, uma pessoa que perdeu a si mesma, que não está em contato consigo mesma e, por isso, se concentra nos erros dos outros. O abade deve conduzir os murmuradores de tal forma que eles consigam encarar sua própria verdade.

Muitas comunidades têm ideais altos. Na descrição de sua missão, empresas afirmam seguir os mais altos padrões. Associações descrevem seus objetivos nobres que pretendem alcançar. Partidos proclamam seu programa com palavras maravilhosas. Muitas vezes, porém, a realidade é bem diferente. Existe uma regra básica: quando projeto uma imagem muito grande de mim mesmo, a sombra também é grande. Frequentemente, isso resulta num dilema doloroso para os membros individuais. Vejo também comunidades espirituais que afirmam cultivar uma espiritualidade mística muito profunda. Mas o convívio diário uns com os outros mostra o oposto. A despeito de todo êxtase espiritual, não existe calor nem amor no comportamento humano, só frieza e arrogância. Muitas vezes, os membros dessas comunidades vivem em conflito uns com os outros. Existem os fãs do líder, que não dão espaço aos outros membros.

Nos seminários de liderança, vejo com frequência como os responsáveis de uma empresa sofrem quando as diretrizes da empresa são proclamadas apenas ao mundo exterior, enquanto a realidade interna se apresenta como algo totalmente diferente. Essas empresas podem aprender com as comunidades beneditinas que é bom estabelecer como objetivo a vivência de determinados valores, mas que, ao mesmo tempo, é preciso encarar a realidade. Eu só posso transformar a realidade se eu a encarar. Caso contrário, os valores e as diretrizes ficam suspensos no ar. Isso não vale apenas para as empresas, mas, em certo sentido, também para os relacionamentos. Como psicoterapeuta, Hans Jellouschek percebeu que, muitas vezes, a causa do fracasso de um relacionamento são ideias e noções neorromânticas. As pessoas esperam que, no relacionamento, só haverá felicidade e sempre uma grande intimidade com o cônjuge. Quando surgem os conflitos diários, elas ficam decepcionadas e acreditam ter de desistir do casamento porque ele não lhes trouxe o que tinham esperado. Jellouschek afirma que o casamento não é um evento de felicidade, mas um caminho de exercícios, no qual, de vez em quando, experimentamos felicidade.

Podemos observar algo semelhante na sociedade como um todo: quando uma sociedade fica se elogiando por ser incrivelmente democrática, por ser justa em tudo, por ter uma infraestrutura perfeita, certamente existem muitas sombras nela. Muitas vezes, essas declarações da boca para fora só encobrem a insatisfação que existe na população. Foi o que aconteceu, por exemplo, no período das revoluções estudantis em 1968: externamente, a Alemanha tinha conseguido se recuperar da catástrofe da guerra com muito esforço e se transformado num país economicamente próspero. Mas os jovens percebiam que, sob da superfície, algo estava errado. Muitos tinham recalcado a injustiça do regime nazista e estavam internamente enrijecidos. Em seu livro *Die Unfähigkeit zu trauern* [A incapacidade de entregar-se ao luto], Alexander Mitscherlich identificou como causa do enrijecimento a recusa de lamentar a injustiça cometida. O povo fechou seus olhos diante da injustiça e se dedicou com zelo à reconstrução econômica. Mas sempre que fechamos os olhos diante de algo, aquilo acaba se vingando. Estamos vivenciando isso novamente na Alemanha: durante muito tempo, o perigo dos movimentos de direita vinha sendo minimizado. Todos concordavam que racismo e antissemitismo deviam ser condenados – mas isso não significava que ele não existia na realidade. Construíram a imagem ideal de uma sociedade tolerante. Mas depois do atentado em Hanau e da morte do presidente do governo Walter Lübcke, essa imagem está destruída.

Cada sociedade tem também aspectos medianos. Isso vale para as famílias, empresas e a sociedade. Quando não lamentamos essa mediocridade, estarrecemos internamente ou procuramos a razão da nossa insatisfação em outros. Muitos políticos veem a causa dos problemas em seu país na política de outros países. Mas eles se recusam a admitir seus próprios problemas. É sempre mais fácil transformar o outro num bode expiatório do que retirar o lixo na frente de sua própria casa.

Existe ainda outro perigo aqui: quando empresas e associações idealizam a si mesmas, elas costumam falar de suas proezas no passado ou de seus nobres ideais. O psicoterapeuta suíço Carl Gustav Jung disse certa vez que tudo que vive precisa mudar. Isso vale para a pessoa individual e para a sociedade como um todo.

Jung identifica como maior inimigo dessa mudança a vida bem-sucedida: quando o indivíduo tem sucesso, ele corre o perigo de relaxar a estarrecer internamente. Isso vale também para comunidades. Muitas empresas se contentaram com seu sucesso e então fracassaram. Algo semelhante ocorre em associações, sindicatos e partidos.

Quando nos contentamos com o passado, nós estarrecemos e, mais tarde, nos perguntamos por que as coisas não avançam. Um exemplo disso são os grandes partidos populares da Alemanha. Eles se vangloriaram demais de seus sucessos no passado. Seus conceitos e suas ideias trouxeram prosperidade. E assim acreditam que podem continuar infinitamente fazendo as mesmas coisas. Que só precisam adaptar e modernizar os seus conceitos antigos. Agora, porém, percebem que estão perdendo eleitores porque perderam o momento certo de mudar, não aceitaram o desafio de se adaptar ao dia a dia moderno e diferente de seus eleitores. Todo partido precisa mudar se quiser permanecer vivo.

Essa transformação, porém, não significa uma mudança aleatória. Algumas empresas, associações ou partidos sentem a perda de membros de forma muito nítida. Tentam fazer tudo de maneira diferente, mas quando isso acontece, a comunidade perde sua identidade. Transformação significa: eu honro a comunidade com sua história e na sua forma atual. Mas ela ainda não é como ela poderia ser de acordo com a sua essência. O objetivo da transformação é que a comunidade se torne cada vez mais aquela comunidade que ela poderia ser de acordo com sua história e sua visão original.

De acordo com São Bento, o sucesso da comunidade depende de um abade que cuida dos confrades fracos e doentes. O sucesso de uma sociedade depende, portanto, de pessoas que ouvem os gritos dos fracos. O fortalecimento do populismo da direita certamente tem muitas causas. Existe, por exemplo, o sentimento de inferioridade, que as pessoas tentam encobrir com um nacionalismo exagerado. Mas uma de suas causas é certamente o fato de termos ignorado as necessidades dos fracos, que agora se manifestam de forma extrema. Uma pessoa que se sente ignorada costuma levantar a voz de forma inapropriada para que alguém finalmente a ouça e a leve a sério.

Em sua Regra, São Bento insiste repetidamente na humildade. Humildade provém do termo latino *humilitas*, e essa palavra está vinculada a *humus*, "terra". Humildade é a coragem de se conscientizar de sua própria natureza terrena. Mas a humildade vale também para aqueles que estão no poder. Por isso, São Bento exige humildade principalmente do administrador financeiro do mosteiro. Como os políticos e os chefes de empresas, o administrador do mosteiro não pode satisfazer todas as expectativas. Mas São Bento o aconselha a não magoar com desprezo aquele que faz exigências insensatas, mas que "negue, razoavelmente, com humildade, ao que pede mal" (*Regra de São Bento* 31,7). Os responsáveis devem ter a humildade de interagir com os fracos e necessitados e de tratá-los como iguais. Não devem decidir tudo como se estivessem sentados num trono. Eles precisam do contato com os fracos e feridos. Somente assim é possível cultivar um convívio saudável e duradouro.

Cada comunidade nos oferece sempre duas experiências: realização e decepção. Isso vale, por exemplo, para comunidades espirituais: às vezes, durante uma missa, num estudo bíblico ou num projeto comunal, transparece de repente a proximidade de Deus. Muitas vezes, porém, vivenciamos também decepções. Acreditamos que todos estão se orientando pelo espírito de Jesus. Mas então percebemos que alguns usam a igreja como lugar para realizar seu desejo de poder ou que são pessoas de convívio difícil e que seus padrões neuróticos atrapalham o convívio.

Essa experiência dupla vale para qualquer comunidade. No início, todos falam com uma só voz na associação, no partido. Todos estão de acordo. Mas então o fator humano começa a entrar em jogo. Também em associações ou movimentos que se dedicam à proteção do meio ambiente surgem lutas pelo poder. Às vezes, alguém também desvia dinheiro de uma associação beneficente. Ambos os aspectos fazem parte da experiência de cada comunidade. Há conferências do partido em que todos são eufóricos e acreditam estar partindo para novos horizontes. E então tudo termina em briga por alguma posição no partido e na política.

Numa comunidade monástica, ambas as experiências querem nos abrir para Deus. Pois não se trata apenas de se sentir bem na congregação: é preciso permitir que o convívio nos abra cada vez mais para Deus. Fazem parte disso especialmente as decepções, que me instigam a me abrir cada vez mais para Deus. Numa comunidade secular, numa associação ou numa empresa, podemos ser gratos pelas experiências gratificantes. Mas as decepções também têm sua importância. Elas nos impedem de perder o contato com a realidade e de nos acharmos melhores do que todos os outros. As decepções não devem nos paralisar, mas devem nos abrir para novos caminhos e para um confronto honesto e sincero com os nossos problemas. Justamente quando lidamos uns com os outros com humildade e sinceridade, podemos criar um bom convívio.

Decepções são parte essencial da experiência de comunidade. Alguns reclamam e se veem como vítimas de uma sociedade que não reflete o espírito de Jesus, mas que é marcada por lutas de poder e intrigas. Para São Bento, porém, a experiência da decepção é um desafio para vermos a razão da nossa existência cristã não numa comunidade ideal, mas em Deus. O fato de São Bento contar com decepções dá testemunho de seu realismo. As decepções mostram que eu me iludi com imagens ideais. Acabei correndo atrás de ilusões. Pensei que só conseguiria vivenciar Deus numa comunidade ideal. Mas São Bento sabe: é justamente numa comunidade que me decepciona vez após vez que posso vivenciar Deus. Assim não confundo Deus com sensações boas que a comunidade pode gerar em mim. Sensações boas podem me abrir para Deus e me transmitir a experiência de Deus. Mas não posso identificar essas sensações com o próprio Deus. As decepções me obrigam a buscar o Deus que se encontra além das sensações.

Também em comunidades seculares, muitos se sentem como vítimas. Cheios de idealismo, eles se empenharam numa associação com um objetivo beneficente. Então sofrem uma decepção por causa do egoísmo dos responsáveis ou por causa da luta pelo poder entre os membros da associação. O sentido dessas decepções consiste em contemplar as relações entre os membros de forma realista e em contar com jogos de poder. Assim poderemos nos proteger melhor. Alguns se sentem tão magoados quando isso acontece que se desligam da associação. Mas justamente as decepções deveriam ser vistas como uma oportunidade para, em humildade e com uma visão realista, realizar os ideais da associação com as pessoas concretas que se encontraram naquela associação. E elas deveriam nos encorajar a não permanecer meros espectadores que criticam os outros, mas a assumir responsabilidade. Quando assumimos responsabilidade numa associação ou numa empresa, nós nos tornamos humildes automaticamente, pois percebemos que, por melhores que sejam as nossas intenções, decepcionamos e magoamos outros. Essa experiência nos ensina humildade e faz com que tratemos os outros com mais misericórdia e não os julguemos com dureza exagerada. Reconheceremos que não existem soluções ideais, mas que somos obrigados a conviver com acordos e meios-termos e com as insuficiências humanas.

Aguentar e suportar

Para que os membros de uma comunidade consigam conviver uns com os outros, é preciso ter duas virtudes: aguentar e suportar.

Primeiramente, devo aguentar a mim mesmo. Quando crianças, algumas pessoas receberam a mensagem: "Ninguém consegue aguentar você". Então elas interiorizaram isso e acreditam que há algo de errado nelas. Quando isso acontece, o primeiro passo é aguentar a si mesmo, aceitar a si mesmo – também com suas próprias fraquezas e limitações. A fé pode ser uma ajuda aqui: Deus me aceita incondicionalmente. Ele me aguenta, mesmo quando eu mesmo não me aguento. Tenho visto em crianças que, para elas, é muito importante que elas sejam acompanhadas por um anjo que as aguenta, mesmo quando seus pais ou elas mesmas não se aguentam. As crianças conseguem imaginar os anjos de forma bem concreta. Eles as protegem de mensagens negativas e lhes permitem dizer "sim" a si mesmas, mesmo quando elas se decepcionam consigo mesmas. Certa vez, uma garota de dez anos de idade me perguntou se o anjo realmente não a abandonará mesmo quando ela for má. Quando eu lhe respondi que o anjo sempre estará com ela e a aguentará, mesmo quando ela se vivenciar como má, ela se despediu consolada. Evidentemente, a garota tinha ouvido outras mensagens: "Você é difícil. Ninguém aguenta estar com você". Para ela, a imagem do anjo que a aguenta foi curadora.

No entanto, devemos aguentar não só a nós mesmos, mas, muitas vezes, também situações que não criamos pessoalmente. Nem sempre a vida é como desejamos. Somos obrigados a lidar com muitas coisas difíceis que nunca escolhemos. Mas não podemos fugir. Devemos aguentá-las. Para essas situações, a Bíblia usa a palavra *hypomene*. É um termo grego que significa "perseverar". Eu não fujo. Eu permaneço na situação. Fico parado. Jesus diz sobre essa postura: "Pela vossa perseverança salvareis vossas vidas" (Lc 21,19). Aqui o evangelista usa a palavra *hypomene*. Poderíamos traduzir as palavras de Jesus também assim: "Se aguentardes a situação, ganhareis vossas almas e vossas vidas serão bem-sucedidas". São Bento exige que seus monges façam o voto da *stabilitas*. Isso não significa apenas permanecer na comunidade e no mesmo lugar. *Stabilitas* significa também a perseverança corajosa diante de resistências que a vida costuma oferecer com frequência. Conheci uma mulher que mudava de emprego o tempo todo. No início, ela achava tudo maravilhoso. Mas assim que surgiam problemas com os colegas, ela se demitia. Se ela não aprender a aguentar situações difíceis, ela jamais permanecerá num emprego. Além disso, essa mudança constante não gera felicidade, mas intranquilidade e insatisfação.

Em sua Regra, São Bento escreveu um longo capítulo sobre a humildade. Essa humildade é um caminho espiritual para vivenciar Deus de modo cada vez mais profundo. Ele divide esse caminho em doze níveis de humildade. Em cada nível, podemos ter experiências importantes que nos abrem para Deus.

Ao tratar do quarto nível, São Bento fala da importância de aguentar circunstâncias adversas. Ele descreve um monge que exercita esse nível de humildade: "Ele aguenta sem se cansar nem fugir, pois as Escrituras dizem: 'Quem perseverar até o fim será salvo' (Mt 10,22). Também: 'Sê forte e corajoso no teu coração! Espera no Senhor!' (Sl 27,14)". Para São Bento, aguentar situações difíceis é um desafio espiritual. É um sinal de uma humildade que persevera e aguenta em vez de fugir. No fundo, afirma Bento, eu aguento Deus em situações difíceis. Eu não fujo daquele que, nessa dificuldade, é incompreensível para mim.

No entanto, aguentar não significa sofrer tudo passivamente, significa também encarar os conflitos e não fugir deles. Uma comunidade só funciona quando encontra caminhos saudáveis para resolver conflitos. A primeira coisa a ser feita é identificar o tipo do conflito às mãos. Trata-se de um conflito de objetivos ou de um conflito de distribuição, de um conflito de interesses, de um conflito cultural ou pessoal? Depois, é preciso enfrentar as dificuldades. Num primeiro passo, todos os lados do conflito devem expor a sua posição sem que os outros os interrompam ou julguem.

Aguentar significa aceitar o meu interlocutor, mesmo quando ele defende interesses diferentes. Depois é preciso encontrar um caminho para respeitar os interesses de cada lado e de harmonizá-los para que ninguém saia do conflito como perdedor e todos se sintam aceitos e levados a sério.

Quando pretendo resolver um conflito, é preciso aguentar o fato de que existem interesses e objetivos diferentes, que existem problemas pessoais. Só se eu encarar os problemas, poderei ouvir o outro e os meus próprios sentimentos e assim encontrar um caminho que funcione para os dois lados. Às vezes, porém, uma das partes permanece teimosa e não está disposta a ceder. Nesse caso, não posso aceitar um acordo falso, mas devo aguentar o fato de que esse conflito existe e que, no momento, não consigo encontrar uma solução para ele. Se eu aguentar essa situação, é possível que, em alguma das partes do conflito, alguma coisa aconteça e o anseio por uma solução se torne mais forte do que a vontade de se desgastar no conflito.

No acompanhamento espiritual, as pessoas me contam com frequência que elas se encontram numa situação que elas mal conseguem aguentar. E a primeira reação daqueles que buscam meu conselho é: eu não aguento mais. Um homem, por exemplo, me falou de sua esposa depressiva. Quando ela está numa fase de depressão, ela critica tudo que ele é e faz. O homem sabe que isso é um sintoma da doença. É claro que não é fácil aguentar isso. E ele só consegue aguentar isso porque se agarra à esperança de que algo se transformará em sua esposa, que a depressão melhorará. Ele só consegue aguentar isso porque não permite que as palavras cruéis dela penetrem nele. Assim ele se protege contra as palavras negativas, entendendo a incapacidade da esposa de aceitar a si mesma.

Uma senhora me contou que seu marido a deprecia constantemente. Ela sabe que, atualmente, ele se encontra numa crise, porque as coisas não estão bem no trabalho. Mas ela não conseguiu aguentar essa depreciação constante. Naturalmente existem situações que, com o tempo, se tornam exaustivas. Em casos assim, é legítimo ausentar-se delas. Caso contrário, elas nos destroem ou nós adoecemos. Mas se ela ainda tiver a esperança de que seu marido superará a sua crise, então é aconselhável que ela aguente a situação. Pois ela sabe: seu marido está simplesmente projetando sobre ela a sua insatisfação e seu sentimento de impotência. Assim ela pode ter a esperança de que ele reencontrará a paz dentro dele assim que a situação no trabalho melhorar.

No acompanhamento espiritual, eu só posso encorajar as pessoas a aguentarem as situações difíceis. Mas eu também respeito quando alguém acha que tudo está sendo demais para ele. Então sempre me pergunto como eu me sentiria, se eu teria a força para aguentar aquilo. E me pergunto: o que preciso ter para aguentar um conflito ou uma situação problemática? Quando em me coloco na situação da outra pessoa, posso reagir de modo mais apropriado às aflições daquele que busca o meu conselho. Assim não corro o perigo de dar um conselho a partir de uma postura de superioridade. Em situações assim, costumo abençoar essa pessoa. Quando estou sozinho, levanto os braços e imagino como a bênção de Deus inunda aquela pessoa. Não pretendo mudar a pessoa com a minha bênção. Confio que ela impregne a pessoa e a conecte com seu verdadeiro si-mesmo, que ela encontre harmonia consigo mesma. Talvez isso a leve a reconhecer que ela não precisa mais desse comportamento agressivo. A bênção me dá a esperança de que o outro será transformado.

A pergunta é: por que, nos dias de hoje, muitas pessoas têm mais dificuldades de aguentar tempos difíceis do que antigamente? Uma razão pode ser que muitos pais tentam retirar todos os problemas do caminho de seus filhos ou resolvê-los para eles. Assim, privam seus filhos da chance de aprender a aguentar um conflito e de encontrar soluções para lidar com o problema.

Aguentar inclui também aguentar o outro. É praticamente inevitável que nem todas as pessoas numa comunidade correspondam às minhas expectativas ou que eu não goste de todas igualmente. Posso tentar amar também aquelas que considero difíceis. Isso nem sempre será possível. Mas posso pelo menos tentar aguentar o outro. Isso se torna mais fácil quando me conscientizo de que, para os outros, eu também não sou sempre uma pessoa fácil.

Aguentar significa também suportar. No capítulo 72, onde São Bento resume as advertências mais importantes para um bom convívio, ele diz: "antecipem-se uns aos outros em honra. Tolerem pacientissimamente suas fraquezas, quer do corpo quer do caráter" (Regra de São Bento 72,4s). Aqui, São Bento está pensando na advertência de Paulo: "Carregai o peso uns dos outros e assim cumprireis a lei de Cristo" (Gl 6,2). E lembra também a passagem na carta aos Romanos: "Nós, que somos fortes, devemos suportar as fraquezas dos fracos e não olhar apenas para nosso interesse" (Rm 15,1). O padre do deserto João Cassiano comentou essa passagem desta forma: "Jamais o fraco suporta o fraco, tampouco conseguirá suportar ou curar um enfermo aquele que sofre da mesma doença. Aquele que dá o remédio ao enfermo é aquele que não padece da mesma doença" (Cassiano, *Collatio* 16,23). Portanto, cabe aos fortes suportar os fracos. No entanto, os fortes não podem colocar-se acima dos fortes. Paulo nos lembra de que ninguém vive por si só. O forte não pode viver para si mesmo, ele sempre vive também em prol dos fracos – e vice-versa. Os fracos vivem igualmente em prol dos fortes. Eles são um desafio para os fortes.

Em cada comunidade existem fortes e fracos. Ambos remetem uns aos outros. E, às vezes, nem sempre é possível fazer uma distinção clara entre eles. Pois, às vezes, os fortes ficam fracos e os fracos demonstram força. Por isso, os fortes não podem se elevar acima dos fracos, mas devem ver os fracos como um espelho no qual eles reconhecem a si mesmos. Pois todos têm suas fraquezas.

Em sua Regra, São Bento também afirma que os fortes e os fracos dependem uns dos outros. Do abade ele exige que, ao liderar os confrades, ele sempre mantenha o equilíbrio para "que haja o que os fortes desejam e que os fracos não fujam" (*Regra de São Bento* 64,19). Essas palavras contêm uma grande sabedoria para mim. A comunidade deve criar um espaço para os fortes no qual eles podem desdobrar seus pontos fortes, não para si mesmos, mas para a comunidade. A comunidade não pode exigir demais dos fracos, antes deve honrá-los, suportá-los e tratá-los com respeito. Para São Bento, a forma como uma comunidade trata os fracos é um critério para a bondade dessa comunidade. Quando ela exclui os fracos, vendo-os como fardo, ela prejudica a si mesma, pois então aqueles que também têm fraquezas temem que eles serão os próximos que serão excluídos. Uma comunidade só sobrevive quando ela cuida tanto dos fortes quanto dos fracos. Isso corresponde ao espírito de Jesus. E isso corresponde também às descobertas da psicologia moderna. Uma comunidade que não cuida dos fracos ignora suas próprias fraquezas, pois muitas vezes os fracos servem como espelho para a comunidade. Se acha que consegue formar uma comunidade composta exclusivamente de membros fortes, você se surpreenderá ao ver como, aos poucos, os fortes se tornam fracos.

É claro que existem limites para aquilo que podemos e devemos aguentar e suportar. Quando um funcionário gera caos na empresa ou envenena a atmosfera pode ser necessário demiti-lo. São Bento encoraja o abade a fazer de tudo para curar o confrade difícil. Ele deve agir "como sábio médico: se aplicou as fomentações, os ungüentos das exortações, os medicamentos das divinas Escrituras e enfim a cauterização da excomunhão e das pancadas de vara e vir que nada obtém com sua indústria, aplique então o que é maior: a sua oração e a de todos os irmãos por ele, para que o Senhor, que tudo pode, opere a salvação do irmão enfermo" (*Regra de São Bento* 28,2-5). Percebemos nessas advertências o quanto o abade deve se esforçar para aguentar o confrade difícil e, assim, curá-lo. Mas São Bento leva em conta também a possibilidade de que os esforços do abade, por maiores que forem, podem não ser bem-sucedidos: "Se nem dessa maneira se curar, use já agora o abade o ferro da amputação [...] a fim de que uma ovelha enferma não contagie todo o rebanho" (*Regra de São Bento* 28,6.8).

Esses limites se aplicam igualmente aos funcionários de uma empresa, aos membros de uma associação e a relacionamentos. No acompanhamento de pessoas, muitas vezes fico maravilhado de como os cônjuges se aguentam, apesar de um deles estar severamente prejudicado. Um cônjuge, por exemplo, sofre um AVC e fica parcialmente paralisado. O outro desiste de seu emprego para poder cuidar do marido ou da esposa. Ele aguenta também a impaciência do outro, que não consegue aceitar sua doença. Pois ele foi arrancado do meio de uma vida bem-sucedida. Ele não consegue se reconciliar com sua deficiência e impotência. E para o cônjuge também não é fácil, aguentar o outro. Mas ele o faz por amor. Diante desse tipo de amor, eu me curvo em profunda humildade.

Um homem me falou de sua esposa, que sofre de um transtorno obsessivo-compulsivo. Muitas vezes, a obsessão dela de controlar tudo é quase insuportável. Ele está praticamente preso em casa porque, assim que ele expressa o desejo de fazer algo fora da casa, ela reage com medos. Ele a suportou durante anos. Mas agora chegou ao fim de suas forças. Ele mal consegue dar conta do trabalho. E se continuar assim, ele corre o perigo de perder seu emprego, simplesmente porque seu desempenho já não satisfaz as exigências da empresa. Ele não sabe se deve se separar de sua esposa. Se fizesse isso, teria de conviver com seus sentimentos de culpa. Acredita que não conseguiria se perdoar por tê-la abandonado. No entanto, sente também que desmoronará se ficar. Eu não posso tomar essa decisão por ele. Só posso lhe transmitir que não deve desistir de sua esposa. Mesmo que se separe dela, ele pode fazê-lo na esperança de que sua esposa terá uma vida melhor sozinha ou numa instituição em que receberá todo o cuidado que precisa. Mas a decisão – de ficar ou não – ele precisa tomá-la diante de sua própria consciência.

Mesmo sem doenças, às vezes, surgem tensões insuportáveis em muitos relacionamentos. Conversando com eles, sempre tento, juntamente com os cônjuges, encontrar maneiras de lidar de outra forma com seus conflitos, de aceitar o outro do jeito que ele é. Muitas vezes, o problema é a postura pessoal: entramos em atrito porque o outro não corresponde às nossas ideias. Temos expectativas e ficamos decepcionados quando ele não corresponde a elas. Mas quando o aceitamos em sua singularidade, o convívio costuma ser mais fácil. No entanto, existem limites também aqui para aquilo que pode ser suportado. Quando um dos dois não faz esforço nenhum para entender o outro ou trabalhar em si mesmo, quando acredita estar sempre certo, fica difícil suportá-lo por muito tempo. Quando suporto algo, devo sempre prestar atenção em minhas próprias forças. Ainda tenho a força para continuar, mesmo que o outro não esteja mudando? Muitas vezes, essa força aumenta durante o ato de suportar. Talvez ajude se você se imaginar em dez anos de convívio com seu cônjuge: quais são as imagens que lhe vêm à mente? Surge um sentimento de gratidão por termos conseguido suportar a situação? Ou surge uma imagem em que me vejo totalmente esgotado e infeliz? Você também pode perguntar a si mesmo: se eu confiar na ajuda de Deus, eu consigo suportar o outro? O outro é uma chance para eu me abrir cada vez mais para Deus? Ou ele me priva de toda a alegria de viver e destrói meu relacionamento com Deus?

Uma mulher me contou de sua mãe que ela nunca reclamou quando o pai era muito dominante e a machucava. Ela suportou aquilo. Aquilo não conseguiu quebrá-la. Quando o marido morreu, ela rejuvenesceu. Então a filha percebeu que sua mãe era uma mulher forte. Ela sabia: não vale a pena brigar por cada coisinha. Ela não permitiu que o marido a humilhasse, mas ela suportou seu marido a partir de uma força interior. Suportar nunca é algo puramente passivo. Eu suporto o outro porque tenho a esperança de que, em algum momento, algo mudará. É preciso ter uma força interior para suportar. E eu preciso conhecer meus limites. Onde devo me defender para preservar a minha dignidade?

Um tema importante para São Bento é a comunidade como lugar do autoconhecimento. No convívio, eu me conheço melhor. Em nossas reações aos membros da comunidade, reconheço minhas próprias sombras reprimidas, porque, no convívio, sou confrontado comigo mesmo de forma cada vez mais sincera. A comunidade é uma chance de conhecer a si mesmo com todos os talentos e fraquezas. Aqui não posso fingir ser outro na frente dos outros, não posso me esconder por trás de uma ideologia. Eu convivo com os outros do jeito que sou, com minhas necessidades e sombras inconscientes. Assim ajudamos uns aos outros a apresentar-nos a Deus com uma honestidade cada vez maior. Quando conhecemos a nós mesmos, julgamos o outro com uma frequência menor. Certa vez, perguntaram a um velho padre monástico por que ele nunca julgava os outros. Ele respondeu: "Porque conheci a mim mesmo. Perdi a vontade de julgar os outros". O autoconhecimento sincero me leva à humildade. E nessa humildade eu não me elevo acima dos outros, mas permito que sejam do jeito que são. Tenho a esperança de que nós desafiamos uns aos outros a crescer e amadurecer no convívio com os outros.

A tradição beneditina sabe que os fracos são um espelho para os fortes. E os fortes fazem bem em olhar bem para esse espelho. Os membros fracos e difíceis de uma comunidade têm a função de mostrar à comunidade as suas sombras. Os monges antigos chamavam o confrade difícil, que sempre nos irrita, de médico que nos mostra as nossas feridas. Doroteu de Gaza, um monge do século VI, nos conta uma bela história: "Ocorre que você está sentado em sua cela, tranquilo e em paz. Aparece então um confrade, e alguma palavra que magoa é dita. Você se irrita e acredita: se ele não tivesse aparecido, se ele não tivesse me irritado, eu teria sido poupado desse erro. Autoengano! Ele só tocou em seu ponto fraco e lhe mostrou por onde deve começar se realmente estiver interessado em desenvolver virtude. Isso me lembra do cogumelo que cresce no esterco. Por fora, é puro e tem belas cores, mas por baixo da superfície limpa, ele só contém imundície. Basta parti-lo no meio para ver. Da mesma forma, você acreditou estar sentado pacificamente em sua cela, mas, inconscientemente, você guardava a paixão em seu interior. Seu confrade disse a palavra e lhe revelou o seu esconderijo. Contanto que realmente esteja interessado na misericórdia divina, aprimore-se, purifique-se e siga em frente. Assim descobrirá que deve agradecer de coração ao seu confrade por ter lhe dado essa experiência curadora" (Doroteu de Gaza, *Geistliche Gespräche*, 108). Portanto, não achar que somos vítimas quando um outro nos magoa ou quando lidamos com muitas pessoas difíceis na associação que dificultam a nossa vida? Devemos vê-los como desafio para um autoconhecimento cada vez maior. Tudo aquilo que os próximos revelam em nós, deve ser oferecido a Deus em oração, para que a graça e o amor de Deus transformem tudo dentro de nós.

A pergunta é: como podemos lidar hoje com pessoas difíceis que dificultam a nossa vida? O que pode ajudar é imaginar a infância que aquela pessoa teve. Pois ninguém é difícil porque quer. A origem disso é sempre uma aflição interior. Muitas vezes, o outro projetará seus ferimentos sobre mim. Então posso me perguntar: qual deve ser a ferida dessa pessoa para que ela fira os outros com tanta frequência? Que aflição se esconde por trás de seu comportamento difícil? Quando me coloco em seu lugar, eu não me sinto agredido por seu comportamento. Vivencio aquilo como uma manifestação de sua própria aflição interior. Eu não sou o alvo de seu comportamento, aquilo é uma autorrevelação dela.

É claro que existem limites para suportar tais pessoas. Mesmo que elas tenham tido uma infância difícil, eu posso impor certos limites: "Não quero que você me trate dessa forma". Muitas vezes, essas pessoas nem percebem como elas falam com os outros, como se comportam em relação a eles. Por isso, a imposição de limites não é uma rejeição do outro, mas uma ajuda para despertá-lo e reconhecer como seu comportamento afeta os outros. Outra ajuda é levar o comportamento do outro com humor. Isso alivia e oferece ao outro a oportunidade de se distanciar de seu comportamento e de ver seu próprio comportamento com uma pitada de humor. Eu mesmo me sinto melhor quando não reduzo o outro às suas dificuldades, perguntando-me em vez disso: quais são seus pontos fortes, seus lados agradáveis? Quando me concentro mais nesses aspectos positivos, torna-se mais fácil aceitá-lo. E, por meio de minha nova visão, reforçarei os seus lados positivos.

Gregório de Nissa (falecido em 394) reconheceu aquilo que os monges pensam sobre o convívio com pessoas difíceis em sua interpretação da oitava bem-aventurança de Jesus: "Felizes os perseguidos por causa da justiça, porque deles é o Reino dos céus" (Mt 5,10).

Gregório interpreta esse versículo com uma imagem esportiva: se quiser correr mil metros, você precisará de algumas pessoas que corram com você, que persigam você ou corram à sua frente, para você ser mais rápido. Você não precisa ser o primeiro a cruzar a linha de chegada, mas precisa dos outros para incentivá-lo. Somente assim você ativará todas as forças para alcançar o destino mais rápido. Gregório aplica essa imagem às pessoas que nos machucam ou atacam. Não devemos nos ver como vítimas delas. Elas não podem nos prejudicar. Suas ações injustas apenas nos incentivam a nos aproximar ainda mais de Deus. Essa é uma visão positiva dos desafios representados por pessoas difíceis. Em vez de permanecermos passivos em nosso papel de vítima, devemos reagir ativamente. Devemos permitir que as pessoas que pretendem nos prejudicar nos incentivem a nos aproximar de Deus.

O que São Bento e São Gregório de Nissa escrevem aqui sobre suportar pessoas difíceis faria bem também ao nosso convívio na sociedade. Vejo em nossa sociedade de forma cada vez mais nítida a tendência de difamar outros só por serem diferentes. Percebemos uma polarização crescente: as pessoas que são diferentes são excluídas. A pergunta é: de onde vem essa tendência? Provavelmente, ela provém de uma insegurança e desorientação interior. Não queremos que pessoas, que são diferentes de nós mesmos, nos questionem. Por isso, nós as rejeitamos. Pois se eu me envolvesse com elas, eu seria obrigado a me questionar. Eu seria obrigado a perguntar qual é a essência verdadeira da minha identidade, quais são as minhas opiniões e minhas convicções e como eu as justifico. Visto, porém, que muitos nem sabem quem são, eles rejeitam tudo que lhes parece estranho. Caso contrário, ficariam ainda mais inseguros.

É um sinal de amadurecimento quando consigo aceitar pessoas que são totalmente diferentes de mim. E uma cultura de convívio saudável exige que nós nos tornemos capazes de entender e pelo menos tolerar pessoas com pensamentos e comportamentos diferentes.

Para São Bento é muito importante que os confrades suportem uns aos outros. Eles não devem condenar uns aos outros. Antes, devem "antecipar-se uns aos outros em honra" (*Regra de São Bento* 72,4). Se, mesmo assim, eles se irritarem com alguns confrades difíceis, eles devem ver isso como uma oportunidade de se aproximar de Deus. A comunidade nunca satisfará todos os nossos desejos, no entanto, podemos ver as decepções como um desafio de encontrar em Deus o nosso fundamento e não no nosso bem-estar.

Permitir que o outro seja como é

Uma tendência em nossa sociedade é querer mudar os outros. No fundo, isso expressa uma rejeição do outro: não gosto do jeito que você é. Você precisa mudar. Se não mudar, não aceitarei você. Toda tentativa, porém, de mudar alguém provoca um movimento contrário. O outro se sente rejeitado e resiste. A espiritualidade cristã não busca a mudança, mas a transformação. Ao contrário da mudança, a transformação significa tornar-se cada vez mais si mesmo. Eu me honro do jeito que sou. Mas ainda não sou como poderia ser segundo a minha essência. Isso vale também para a transformação dos outros. Confio que eles se transformarão. Para que isso aconteça, devo primeiro aceitá-los incondicionalmente. Somente aquilo que aceitamos pode se transformar. Aquilo que rejeitamos permanece preso em nós e nos outros.

A *Regra de São Bento* ressalta que devemos permitir que cada um seja como ele é. Só assim posso fazer jus a ele. No capítulo sobre o abade, São Bento o adverte dizendo que ele deve se envolver com a peculiaridade de cada um: "Saiba que coisa difícil e árdua recebeu: reger as almas e servir aos temperamentos de muitos; a este com carinho, àquele, porém, com repreensões, a outro com persuasões. Segundo a maneira de ser ou a inteligência de cada um, de tal modo se conforme e se adapte a todos" (*Regra de São Bento* 2,31s.). Isso significa: ele deve aceitar cada um do jeito que é. Somente assim encontrará a maneira certa de lidar com ele. Quando submeto todos à mesma norma, tento criar um ser humano padronizado. Mas isso não produz comunidade. Comunidade precisa da singularidade de cada pessoa. É claro que não devo usar minha singularidade para justificar tudo que faço. Devo aceitar-me como essa pessoa singular e, ao mesmo tempo, envolver-me com a comunidade e adaptar-me às suas regras e regulamentações.

Na filosofia chinesa, deixar ser é uma postura central. A árvore só cresce se eu deixá-la em paz. Se eu arrancá-la e replantá-la constantemente ou quiser lhe impor determinada forma, ela não se desenvolverá. Isso vale também para o ser humano. Devo primeiramente permitir que ele seja do jeito que é, sem querer mudá-lo o tempo todo. Devo, porém, acreditar também que o outro desdobre o bem que existe dentro dele. Deixar ser não significa acomodar-se e insistir teimosamente naquilo que é. É, antes, a precondição para que algo se transforme, que algo possa crescer e se desdobrar dentro de nós.

Para Lao-Zi, o fundador do taoísmo, o deixar ser ou o não agir é uma postura importante principalmente para os líderes de um povo. Ele escreve: "No insondável não existe ação, mesmo assim, a não ação gera tudo. Se príncipes e reis permitirem que sejam determinados por ela, tudo se desenvolveria da melhor maneira" (Tao nº 37). Em outro lugar, ele reproduz as palavras de um sábio: "Eu não ajo, assim a vida na comunidade se desdobra naturalmente. Permaneço no silêncio, assim o povo se torna justo naturalmente. Não interfiro na economia, assim o povo floresce naturalmente. Não tenho desejo, assim o povo se cura naturalmente" (Tao nº 57).

Essas palavras nos parecem exageradas. Mas o que importa a Lao-Zi é que nós nos libertemos do nosso ego, que sempre quer algo. No fundo, o que ele quer dizer é aquilo que São Bento pretende transmitir quando diz que liderar é servir: eu não inflo meu ego, desisto de me exibir. Sirvo às pessoas. Tento fazer com que a vida que se esconde nelas saia de sua toca. A meu ver, trata-se de desenvolver outra postura em nossa correria e em nosso vício de mudar tudo: desenvolver a tranquilidade que, também segundo o Mestre Eckhart, é uma postura central do ser humano espiritual. Tranquilidade significa em primeiro lugar deixar de se apegar ao seu ego. Quando faço isso, posso observar tranquilamente aquilo que deseja crescer nas pessoas. E posso incentivar a vida nos outros em vez de me concentrar constantemente em meu próprio ego e em meu próprio sucesso.

A tranquilidade em permitir que o outro seja como é, para que ele possa encontrar a sua forma, vale também na educação dos filhos. Os pais sabem: quando querem mudar seus filhos o tempo todo, os filhos só resistem. Mas quando os deixam em paz e os acompanham com bondade e esperança, eles se desenvolvem cada vez mais na direção da pessoa singular que Deus criou. Cada vez mais encontrarão a sua própria forma. Aceitar que uma pessoa seja do jeito que é não significa, porém, aceitar sempre também o seu comportamento. Hoje em dia, a tarefa mais difícil dos pais é ensinar aos filhos como lidar com os novos desafios com os quais o mundo globalizado os confronta. Existem limites que os pais devem impor aos filhos. Mas esses limites dizem respeito à estrutura e às condições sob as quais uma criança pode crescer. Isso significa: eu mudo as condições, mas não mudo a pessoa. Eu permito que ela seja e observo o que se desenvolve dentro dela. Assim, posso mudar as condições externas quando necessário. É como na natureza: quando uma árvore não cresce bem, eu não interfiro para deixá-la na forma desejada, mas trabalho o solo no qual ela cresce. Eu coloco adubo e crio as condições externas para que ela possa se desenvolver.

O fato de que devamos permitir que o outro seja como é tem um fundamento espiritual na *Regra de São Bento*, a fé em Cristo no próximo: devemos enxergar Cristo em cada irmão e cada irmã. Isso não significa que devamos andar por aí usando óculos cor-de-rosa e acreditar que todos são amáveis e legais. Existem em cada comunidade pessoas que são difíceis ou que, às vezes, se orientam pelo mal. Mas quando vejo Cristo em cada um, eu não uso seu comportamento destrutivo para defini-lo. Eu vejo o que existe por trás da fachada e acredito que, no fundo de sua alma, ele anseia ser uma pessoa boa. Albert Görres, um psiquiatra de Munique, disse certa vez que ninguém pratica o mal porque se deleita com o mal, mas porque está aflito. Isso vale também para a comunidade. Ninguém gosta de ser difícil. Ele é difícil por causa de uma aflição interior. Quando acredito na essência boa em cada ser humano, eu lhe permito acreditar em si mesmo, que o bem nele se torne mais forte do que as tendências destrutivas em sua alma.

Acreditar no Cristo que está no outro produz uma postura de respeito e honra diante do outro. O teólogo e filósofo da religião Romano Guardini escreveu sobre o respeito como fundamento de toda cultura humana. "No respeito, o ser humano renuncia àquilo que ele costuma fazer: apoderar-se e usar para os seus próprios fins. Agora, ele dá um passo para trás, mantém distância. Assim ele produz um espaço espiritual no qual aquilo que merece respeito pode ser livre e brilhar" (Guardini, *Tugenden*, p. 69). Em relação ao ser humano, o respeito se manifesta no apreço do outro: "Respeito é o aspecto mais elementar que precisa se tornar palpável para que os seres humanos possam interagir uns com os outros como seres humanos" (Guardini, *Tugenden*, p. 69).

Guardini fala do respeito da opinião do outro. Mesmo que eu lute contra a sua opinião, devo sempre respeitar aquele que decidiu assumir e defender aquela opinião. E o que mais merece o nosso respeito é a esfera privada do indivíduo.

Guardini escreve já em 1963 o que, certamente, deve ser observado muito mais nos dias de hoje: "Por toda parte vemos um impulso de publicação; um vício de ver o que está sendo ocultado; um sensacionalismo que encontra um prazer abominável na revelação, na exposição, na vergonha alheia" (Guardini, *Tugenden*, p. 70). Ele acredita e postula: "O respeito é a garantia para que as relações entre os seres humanos preservem sua dignidade" (Guardini, Tugenden,

p. 71). O que Guardini reconheceu há mais de cinquenta anos, vale ainda hoje. Principalmente em confrontos políticos, mas também em discussões particulares, é preciso respeitar a dignidade do outro. Posso me perguntar, por exemplo, o que levou o outro a adotar esse ponto de vista. E então posso me perguntar, como eu vejo as coisas. Mas estou sempre consciente de que ninguém é dono de toda a verdade. Nossas opiniões são sempre apenas fragmentos do todo, ninguém consegue ver o todo de uma só vez. Hoje em dia, muitos só querem impor as suas opiniões. Eles nem querem saber como o outro vê e interpreta determinada situação. Se ouvissem o outro, poderiam ampliar a sua própria visão. Então reconheceriam que sua visão da realidade também é limitada.

São Bento leva isso em conta quando escreve que o abade deve chamar todos os confrades, inclusive e sobretudo os mais jovens, quando precisar tomar alguma decisão. "Ouvindo o conselho dos irmãos, considere consigo mesmo e faça o que julgar mais útil" (*Regra de São Bento* 3,2). São Bento parte do pressuposto de que o abade, somente pelo fato de ser abade, não é onisciente. Ele deve ouvir as opiniões dos confrades e então ouvir os impulsos interiores que se manifestarem em seu coração. O conselho dos confrades é importante para que, ao refletir sobre a situação, ele não se emaranhe em suas próprias ideias preferidas, mas esteja aberto para outras soluções. Em seguida, São Bento fornece outra razão para ouvir o conselho dos confrades: "Dissemos que todos fossem chamados a conselho porque muitas vezes o Senhor revela ao mais moço o que é melhor" (*Regra de São Bento*

3,3). Este é um pensamento progressivo. Nos conselhos das empresas cotadas na bolsa encontramos principalmente executivos mais velhos. Os mais jovens não são ouvidos, alegando que eles não têm experiência. Mas São Bento conta com a possibilidade de que o próprio Deus fale através das pessoas. E ele usa sobretudo as pessoas mais jovens para apontar aquilo que nos faz bem. Ele pode usá-las para mostrar novas perspectivas e para libertar os confrades mais velhos da cegueira da rotina. Quando acredito que Deus fala através das pessoas, e principalmente através das mais jovens, o conflito entre as gerações é aliviado. A perspectiva muda, não se trata mais de ter a última palavra. O que importa agora é o que Deus pretende dizer à comunidade através dos irmãos e das irmãs, sejam eles jovens ou velhos.

Permitir que o outro seja como é, é uma precondição importante também para o sucesso de um relacionamento. Em conversas comigo, as pessoas costumam reclamar do fato de o parceiro ou cônjuge ser do jeito que é. A mulher se queixa do marido porque ele não conversa com ela e porque não consegue expressar os seus sentimentos. Ela se irrita por ele ser do jeito que é. Ela tenta mudá-lo o tempo todo. Mas quanto mais ela tenta, mais ele resiste a isso. Ele é do tipo calado e tem dificuldades de falar sobre os seus sentimentos. Quando permito que ele seja do jeito que é e eu me reconciliar com isso, aos poucos, algo pode se transformar dentro dele. Quando não se sentir pressionado, é possível que ele começará a falar sobre si mesmo por vontade própria. Um homem se irrita porque, a seu ver, sua esposa desperdiça tempo demais arrumando e decorando a sala, comprando flores, preparando uma linda mesa de jantar. Ele é do tipo racional. Para ele, tudo isso é um desperdício de tempo. Mas assim ele tenta impor seus próprios padrões à esposa. Se ele simplesmente a deixasse em paz, ela se tornaria uma bênção para a família. E todos aqueles que apreciam a beleza se alegrarão com os arranjos dela. O marido também poderia aprender a ampliar a sua visão exageradamente racional e despertar dentro de si mesmo uma sensibilidade pela beleza. O que importa no relacionamento é que cada um se desenvolva e interaja com o outro com sinceridade. Mas esse desenvolvimento só será bem-sucedido se eu permitir que o outro seja como ele é. Essa é a forma mais elevada da aceitação. Eu aceito o outro do jeito que ele é. Ao mesmo tempo, confio que ele seja capaz de trabalhar em si mesmo, de se transformar e de encontrar cada vez mais o seu verdadeiro si-mesmo. Então ele será uma bênção também para mim e para os outros membros da família. Se, porém, eu tentar corrigi-lo o tempo todo, ele só encontrará infelicidade e se sentirá impedido de desenvolver e manifestar as suas habilidades.

Esse princípio vale também para as empresas: se eu quiser criar um tipo de funcionários padronizados e uniformizados, sou forçado a mudar todos eles. Assim não farei jus à sua natureza e às suas qualidades. Mas quando permito que cada um seja do jeito que é, eu confio também que eles manifestarão e desenvolverão as suas qualidades. Posso apoiá-los no desenvolvimento de suas qualidades. Permitir que o outro seja do jeito que é não significa permitir que ele faça o que quiser. O que eu tento fazer é transmitir a ele que existem outras possibilidades de se comportar. Não quero mudá-lo – quero desafiá-lo a desenvolver e desdobrar aquilo que já existe dentro dele. Quando permito que ele seja do jeito que é para que ele desenvolva e desdobre as suas qualidades, os pontos fracos passam para o segundo plano e eles não me incomodarão mais tanto. A arte da liderança consiste em me alegrar com a riqueza da diversidade. São justamente os funcionários diferentes que podem ser uma bênção para a empresa. No entanto, é preciso sabedoria e também uma abertura interior para aceitar a diversidade dos funcionários e reconhecê-los como uma riqueza para a empresa.

⧄ Aceitar as diferenças ⧅

Quando os hóspedes passam alguns dias no nosso mosteiro, eles costumam perguntar: como vocês conseguem viver em paz uns com os outros, visto que todos vocês são tão diferentes? Eles sentem que os monges têm personalidades muito diferentes: alguns são pensadores contemplativos, outros são homens de ação, outros são artistas – confrades comedidos, tempestuosos e de temperamento forte. A arte de conviver consiste em respeitar as diferenças de cada um. Além disso, é preciso concentrar-se na pergunta de como pessoas tão diferentes podem enriquecer umas às outras.

Quando eu era administrador financeiro do mosteiro, realizávamos semanalmente uma reunião administrativa: o abade, o prior, o subprior, o administrador financeiro e seus dois substitutos. Às vezes surgiam conflitos porque os interesses eram muito diferentes. Alguns queriam resolver um problema o mais rápido possível, os outros preferiam tomar passos mais refletidos. Então participamos de uma conferência sobre o eneagrama. O eneagrama é uma teoria da personalidade que tem suas origens nos antigos monges do século IV. Essa teoria divide as pessoas em nove tipos diferentes. Cada tipo tem pontos fortes e pontes fracos. Existe, por exemplo, o tipo um, que avalia tudo cuidadosamente; o tipo dois, que se importa principalmente com o nível relacional; e o tipo três, que gosta de correr à frente e resolver tudo da maneira mais rápida possível. Nosso grupo tinha representantes desses três tipos e, além desses, um tipo seis, que tudo ocorra de acordo com a lei. Durante a conferência, percebemos que cada um de nós exerce uma função importante. Eu sou mais o tipo três, aquele que gosta de resolver as coisas o mais rápido possível. Na nossa constelação, havia ainda dois do tipo um. Eu costumava me irritar frequentemente com eles, porque, a meu ver, eles tornavam tudo mais complicado do que realmente era. Então reconheci: a função que eles desempenham é importante. Na minha pressa para resolver as coisas, eu costumo ignorar muitos detalhes. E, às vezes, isso tem consequências indesejadas. Mas esses dois percebiam esses detalhes porque analisavam tudo minuciosamente. Depois da conferência, o número de nossas brigas diminuiu. Reconhecemos: graças às suas diferenças, cada um tem uma importância para o conselho e para a sociedade.

Uma empresa, uma associação e uma sociedade só podem funcionar bem quando ela reconhece e aceita a diversidade de seus membros e funcionários. Em vez de me irritar com a personalidade do outro, simplesmente por ela ser tão diferente da minha, eu poderia me perguntar: o que ele quer me dizer? Com o que esse homem ou essa mulher contribui para a sociedade? O que seria se todos fossem iguais? Não seria um tédio terrível? Não ficaríamos cegos? Sempre buscaríamos as mesmas soluções. Mas não seríamos criativos. Somente quando aceitamos a diversidade, podemos nos completar e juntos elaborar soluções inovadoras. É claro que as diferenças podem se tornar também um fardo, principalmente quando cada um vê a sua própria perspectiva como a melhor ou a única correta. É preciso se abrir para outras perspectivas e acreditar que cada um tem a sua função nessa comunidade. Uma diferença que se apresenta como absoluta pode dividir a comunidade. Mas quando criamos um espaço de liberdade, no qual os diferentes tipos podem colaborar com suas qualidades e fraquezas, surge um convívio vivo. No entanto, esse convívio não pode ser possuído uma vez por todas. Ele precisa ser conquistado dia após dia.

Angelus Silesius usou uma imagem para descrever a bênção da diversidade: a imagem dos pássaros que, todos eles, têm sua própria voz e que, mesmo assim, apresentam um lindo espetáculo quando cantam juntos: "Ai por não sermos como os pássaros da floresta que, cada um em seu próprio tom, cantam juntos com prazer" (Cherubinischer Wandersmann I,265). E: "Quanto mais conseguimos destacar a diferença das vozes, mais maravilhoso costuma ser o hino" (Cherubinischer Wandersmann I,268). A diversidade das vozes é pré-requisito do concerto lindo, se cada um ouvir e respeitar a voz dos outros. Assim um convívio bom se torna possível: as diferentes vozes na comunidade geram vivacidade e lindas cores.

O apóstolo Paulo também elogia a diversidade e recorre a uma das imagens mais conhecidas da Bíblia quando compara Cristo com o corpo. O corpo tem diferentes membros. Eles completam e sustentam uns aos outros (1Cor 12,12-27). E Paulo escreve também sobre os diferentes dons: "Há diversidade de dons, mas o Espírito é o mesmo. Há diversidade de ministérios, mas o Senhor é o mesmo" (1Cor 12,4s.). Os diferentes ministérios e serviços e a diversidade das personalidades são os elementos necessários de comunidade viva – é assim que Paulo imagina a comunidade dos cristãos em Corinto.

Nossa sociedade só permanecerá viva, se aceitarmos a diversidade das pessoas. Isso começa com as diversas origens culturais. Estas dão cores à sociedade e a protegem de se descansar nas conquistas do passado. Existem também diferentes grupos de profissões e interesses, os velhos e os jovens, os ricos e os pobres. Todos têm seu direito de existir e suas próprias necessidades, mas também talentos e chamados com os quais contribuem para a sociedade. A sociedade se divide quando as pessoas individuais só respeitam os membros do próprio grupo e desprezam os outros. O convívio só pode ser bem-sucedido se todos ouvirem uns aos outros. O fortalecimento da direita no nosso país tem causas diversas. Uma coisa, porém, é certa: muitos têm a sensação de que ninguém os ouve, que ninguém lhes dá ouvidos. Por isso, a diaconia lançou uma campanha intitulada de "Unerhört" [uma palavra que expressa o sentido duplo de "não ouvido" e "lastimável"]. Ela pretende chamar atenção para as pessoas que não são ouvidas. Só quando essas pessoas forem ouvidas, conseguiremos integrá-las na sociedade e assim evitar uma cisão. É uma arte aceitar a diversidade e lidar com ela de tal modo que as pessoas mais diversas possam enriquecer umas às outras.

Diferenças são um tema importante também no relacionamento. Um provérbio popular diz que os opostos se atraem. Muitas vezes, são justamente as diferenças que deixam os cônjuges encantados com o outro. Quando as aceitam, eles podem desenvolver um convívio vigoroso. Tédio nunca será um tema. É claro que, quando as diferenças são grandes demais, quando seus hobbies são totalmente diferentes e não gostam de fazer nada juntos, haverá também problemas. A arte consiste em aceitar e completar um ao outro. Interesses diferentes devem ser possíveis. Mas deve haver algo como um denominador comum, caso contrário, as coisas ficarão difíceis. Uma mulher me contou que, depois do trabalho, seu marido costuma praticar ciclismo com seus colegas e isso tem se tornado um tipo de esporte de alto desempenho. E também nas férias, seu marido só quer fazer excursões de bicicleta com os seus amigos. Não há mais espaço para ela, e eles não têm mais nenhum tempo que possam passar juntos. Em casos assim, as diferenças podem destruir um relacionamento.

Conheço um casal: a esposa é uma pessoa agitada e muito temperamental. O marido é mais calmo e comedido. Eles são totalmente diferentes, mas se completam perfeitamente. A esposa contagia o marido com sua vivacidade. Muitas vezes, porém, o marido precisa manter a calma e frear a esposa um pouco. A esposa se irrita facilmente com as coisas e tem reações exageradas. Em momentos assim, a tranquilidade do marido pode ter um efeito curador sobre ela. Nenhum acusa o outro por causa de suas diferenças. Eles sabem que o outro polo representado pelo cônjuge enriquece também a sua própria vida. Assim, suas diferenças os mantêm vivos. Num outro casamento, a esposa se irrita o tempo todo com seu marido quando ele reage com calma ao entusiasmo ou às reclamações dela. Ela interpreta a tranquilidade dele como um sinal de superioridade, porque ele consegue controlar suas emoções também em situações difíceis. E isso a deixa ainda mais agressiva. As diferenças podem causar atritos. Ou elas podem ser reconhecidas e apreciadas como um enriquecimento.

Concentrar-se naquilo que realmente importa

Em muitas empresas e associações (na verdade em todos os lugares em que seres humanos lidam uns com os outros), as pessoas costumam brigar por causa de futilidades. As pessoas insistem em determinada regra ou se irritam com o comportamento de membros individuais. O remédio contra isso é lembrar-se daquilo que realmente importa. O que realmente importa apresenta vários aspectos. Por um lado, é preciso perguntar a si mesmo: o que é realmente importante para nós? Qual é o sentido de tudo isso que fazemos? Qual é a essência, qual é o sentido da nossa associação, da nossa comunidade? O que realmente queremos lá no fundo? Lembrar-se daquilo que realmente importa gera união entre os membros de uma comunidade. Isso vale também para as famílias. Também aqui grandes conflitos costumam ter sua origem em questões irrelevantes. O que pode ajudar aqui é perguntar-se: o que queremos com nossa família, com nosso relacionamento? Qual foi nossa intenção original? Qual era o sonho que queríamos realizar juntos? O que realmente importa para nós neste momento? Angelus

Silesius escreve: "Ser humano, torna-te essencial! Pois quando o mundo passa, passa também o acaso, é a essência que permanece" (Cherubinischer Wandersmann II,30). O que realmente importa é aquilo que permanece. A palavra alemã "Wesen" [natureza] é, de certa forma, uma invenção de Mestre Eckhart e é usada somente desde então na língua alemã. A natureza é aquilo que permanece numa coisa, que está inseparavelmente ligado a ela e que faz dela aquilo que ela é. A natureza como aquilo que permanece sobrevive também à morte. Quando as pessoas de uma comunidade refletem sobre aquilo que é sua natureza, isso as aproxima umas das outras. Pois o irrelevante e banal consegue dividir uma comunidade.

A natureza une. Na natureza, todos nós seres humanos somos um. Sentimos a unidade. O latim não fala da natureza, mas da essência. Essência provém de esse, "ser". O ser (*esse*) é distinguido do ente (*ens*). O ser é aquilo que subjaz a tudo. A essência é o núcleo verdadeiro, o mais íntimo de uma criatura, mas também de uma empresa. Podemos explicar isso com a ajuda de um exemplo: cada ser humano tem sonhos para a sua vida; mas, às vezes, eles são destruídos. No entanto, mesmo quando a realização concreta do sonho para a vida falha, sua essência permanece, ela não pode falhar, ela permanece. Por isso, é aconselhável que, diante de todas as rupturas na vida, nós nos perguntemos sempre: o que é que realmente importa, qual é a essência do sonho para a minha vida? O que é que realmente importa na minha vida? Essas perguntas devem ser feitas por cada forma de comunidade: qual é a essência do nosso relacionamento? O que nos aproximou um do outro? O que nos mantém unidos? O que permanece, mesmo quando passamos por um conflito? Quando, no meio de uma briga, nós nos lembramos daquilo que realmente importa, reencontramos novamente uma base comum para o nosso convívio. Assim, lembrar-nos do essencial pode nos reaproximar sempre de novo.

Numa empresa ocorrem muitas brigas – porque existem interesses diferentes e estratégias diferentes e porque cada um tem sua opinião sobre elas. Às vezes, irrompem também conflitos emocionais: dois funcionários não se dão bem. Cada um vê no outro aquilo que reprimiu dentro de si mesmo. Em todos esses conflitos, fazemos bem em pausar um pouco e nos perguntar: o que nos conecta? Qual é a natureza, aquilo que importa nessa empresa? O que ela representa? O que constitui sua natureza? Quando chegamos a um acordo em relação a isso, conseguimos resolver melhor os conflitos. Então encontramos, a despeito das opiniões mais controversas, um fundamento comum que nos sustenta.

A palavra latina *essentia* é derivada da palavra grega *ousia*, que significa "ser". A Bíblia diz que Jesus falava em *exousia*. Muitas vezes, isso é traduzido como: ele falava com poder. Mas a tradução literal seria: ele falava a partir do ser. Ele falava de modo que aquilo que dizia era vivenciado como um ente. Em suas palavras, o ser verdadeiro, Deus, se tornava perceptível, presente. A natureza de Deus se tornava visível. Quando a natureza verdadeira de Deus se revela, todas as imagens falsas de Deus são questionadas. Na fala a partir do ser torna-se visível também a natureza verdadeira do ser humano. A fala sobre a natureza de Deus e do ser humano provoca o espírito impuro de um homem na sinagoga (Lc 4,31-37). Ele grita com Jesus. O homem possuído tem uma imagem "impura", uma imagem obscura e distorcida de Deus e de si mesmo. Quando Jesus fala a partir do ser, todas as imaginações do ser humano que se opõem a esse ser são arrastadas para a luz. Muitas vezes, porém, nós lutamos contra isso como o homem com o espírito impuro. Não queremos admitir nosso ser verdadeiro, nossa natureza verdadeira. Preferimos viver imersos em ilusões. Jesus pretende conduzir-nos para a nossa essência verdadeira. Isso provoca nossa resistência. Quando, porém, nos abrimos para a natureza – assim conta a antiga história de cura – nós nos tornamos sãos e íntegros, encontramos nosso centro e uma postura saudável em relação a nós mesmos e em relação a Deus.

Existe mais um aspecto que é mencionado pelo conceito da natureza, da *essentia*, da *ousia*: o ser se encontra em oposição ao ter. Gabriel Marcel, um dos representantes mais influentes do existencialismo cristão, foi o primeiro a descrever a oposição entre ser e ter. Depois dele, foi principalmente o psicanalítico e filósofo Erich Fromm que, em seu livro *Haben oder Sein – Die seelischen Grundlagen einer neuen Gesellschaft* [Ter ou ser – Os fundamentos psíquicos de uma nova sociedade], escreveu sobre uma cultura do ser e do ter. Ele afirma: a postura do ter é caracterizada pela posse. Eu quero ter algo e defender os meus bens. Isso resulta necessariamente num distanciamento em relação aos outros. Em muitas sociedades, essa insistência nos próprios bens resulta também numa divisão: os ricos protegem seus terrenos com muros altos contra aqueles que têm menos do que eles. Eles se retiram da sociedade.

A postura do ser, por sua vez, tem a ver com vida e vivência. Ser conecta as pessoas umas com as outras. Erich Fromm descreve o modo do ter e do ser em diferentes áreas: no aprendizado, na leitura, no conhecimento, na fé e, também, no amor. Quando as pessoas se amam no modo do ter, quando um quer possuir o outro, isso leva à destruição do amor. Amar no modo do ser é diferente: eu permito que o outro seja do jeito que é. Isso permite a criação de comunhão. Poderíamos dizer num sentido fundamental: o ter gera conflitos de interesse. O ser conecta. Pois todos nós temos parte no ser, na natureza, na essência.

Concentrar-se naquilo que realmente importa tem ainda outro aspecto: não preciso de muito para ser feliz. Um estilo de vida simples pode nos satisfazer internamente. Foi principalmente a filosofia estoica que se ocupou com esse aspecto em dois níveis: existe primeiramente a simplicidade interior, uma vida clara, sem segundas intenções, o segundo nível é um estilo de vida simples. Quando não tenho segundas intenções, consigo viver de forma simples.

O filósofo estoico Posidônio elogia os romanos, dizendo que eles foram chamados para dominar o mundo por causa "da simplicidade de seu modo de viver, de sua justiça e de seu temor de Deus". Evidentemente, essa simplicidade em seu estilo de vida lhes dava a força para dominar o mundo antigo e para pacificá-lo. Quando os romanos adquiriram uma riqueza cada vez maior e adotaram um estilo de vida decadente, seu reino ruiu.

O que o filósofo estoico Posidônio dizia dois mil anos atrás, hoje é reafirmado pelos sociólogos. Eles acreditam que as elites de um país sempre levavam uma vida de cunho ascético. Uma característica dessas elites é que elas levavam uma vida simples. Tinham objetivos que eram maiores do que eles mesmos. Por isso, precisavam da liberdade interior propiciada pela vida simples para se dedicar aos seus objetivos.

Para muitas pessoas que levam uma vida consciente, um estilo de vida simples se tornou algo natural. Não é sinal de pobreza ou falta de criatividade. Sua vida tem uma qualidade própria. Sua simplicidade despretensiosa leva à satisfação e a uma beleza e claridade da vida. O poeta alemão Jean Paul diz sobre essa vida simples: "Você pode ter o dia mais feliz, usando nada mais do que um céu azul e a terra verde da primavera". Na opinião de Jean Paul, simplicidade tem a ver com felicidade. Uma pessoa que consegue se deleitar com o céu azul e a terra verde da primavera encontra um caminho para a felicidade verdadeira no estilo de vida simples. Uma pessoa que cultiva um estilo de vida simples sempre se sente conectada com os outros. Ela sabe que a terra e seus frutos existem para todos os seres humanos e usa apenas aquilo que necessita para que as gerações posteriores também possam viver deles.

O outro significado da simplicidade se refere a uma união interior. A simplicidade como união interior era um conceito central na filosofia estoica. Principalmente Marco Aurélio, o filósofo entre os imperadores, amava esse conceito. Ele usava a palavra grega *haplotes*, que é usada frequentemente também na Bíblia. Ele acreditava que, na pessoa verdadeiramente boa, tudo devia ser "simples e cheio de benevolência". Certa vez, ele exclama para si mesmo: "Não permite que te agites, torna-te simples!" Para Marco Aurélio, ser simples significa cumprir sua tarefa sem segundas intenções, não permitir que as paixões o dominem e estar livre de ilusões. O homem simples é inocente. Ele não desconfia dos outros. E nem o filósofo deve formular orações complicadas. O distintivo de um filósofo verdadeiro é a simplicidade: "A tarefa da filosofia é simplicidade e humildade". Simplicidade, porém, é sobretudo o objetivo do devir do ser humano. O ser humano verdadeiro é simples e puro, sem astúcia e segundas intenções. Por isso, Marco Aurélio exclama: "Quando, amada alma, pretendes ser boa, única (*haplous*), em harmonia contigo mesma e se apresentar sem manto, mais transparente do que o corpo que te envolve?" Para ele, a simplicidade é um dos bens mais elevados pelos quais ele luta em sua vida. Simples é o ser humano que vive em perfeita harmonia com a natureza e que se libertou das paixões. O ser humano simples simplesmente existe. Ele vive em harmonia com seu ser mais íntimo e com Deus. Ele é honesto e inocente, puro e claro.

Conheço famílias nas quais ambos os cônjuges ganham bem. Mas sua vida é simples, seu estilo de vida é simples. As crianças não precisam ter o celular mais novo nem as roupas das marcas mais caras. E quando planejam as férias, eles não se sentem obrigados a encontrar um destino exótico todos os anos para que as crianças possam se gabar disso na escola. Em vez disso, passam as férias sempre no mesmo lugar, as crianças nadam no lago e aproveitam a bela paisagem. Quando uma família cultiva um estilo de vida simples, que não precisa ser pobre, ela se concentra naquilo que realmente importa: na relação entre os pais e os filhos. O que importa são aventuras em família, caminhadas e jogos, refeições e conversas entre os membros da família. Isso faz bem a todos.

Fiquei feliz quando vi como minhas sobrinhas-netas brincavam com coisas simples, com pedras encontradas à beira da estrada. Elas estavam vivendo totalmente no presente e simplesmente se entregaram ao momento, em harmonia consigo mesmas. Quando as crianças não estão satisfeitas com nada porque os colegas na escola lhes mostram o que se "deve" ter, o convívio na família se torna difícil. Quando perdemos de vista aquilo que realmente importa, precisamos de muitas coisas irrelevantes para compensar ou reprimir a ausência da essência.

Simplicidade pode significar também clareza: simplicidade significa que os procedimentos em casa são claros, o que as crianças devem contribuir para a família, quem deve ajudar a lavar a louça e quem ajuda na limpeza da casa, quais são os horários das refeições. Essa clareza une a família. Quando se discute todos os dias quando e o que se deve comer, o convívio se torna exaustivo. Simplicidade e clareza se expressam em rituais saudáveis. As crianças podem confiar que pai e mãe os cumprem juntamente com elas. Isso lhes transmite segurança e a confiança de que elas podem recorrer aos pais sempre que necessário.

Convívio respeitoso com as coisas

A espiritualidade beneditina é ligada à terra, isso significa que sua preocupação não é deixar para trás o mundo como um lugar de tortura e tormento, mas manifestar um caráter cristão nas coisas terrenas e no convívio consigo mesmo e com os outros. Por isso, se uma pessoa é espiritual ou não, isso se manifesta em seu jeito de trabalhar e de lidar com as coisas do dia a dia e da criação. A forma como lidamos com o trabalho e com as coisas deste mundo sempre afeta também o nosso convívio. Passamos muitas horas no trabalho todos os dias. Ele pode nos aproximar uns dos outros, e pode ser divertido trabalhar uns com os outros. Ou ele pode se transformar em fardo. Então ele nos esmaga e não nos sentimos bem trabalhando. O nosso bem-estar não depende exclusivamente do trabalho em si, mas também do clima no local de trabalho, da atmosfera na empresa, na instituição em que trabalhamos. Por isso, o lema beneditino "*ora et labora*", "ore e trabalhe", é uma maneira importante para convivermos e trabalharmos bem.

Cada empresa tem sua própria cultura de trabalho e de convívio. Quando, por exemplo, todos trabalham contra todos, o resultado é uma cultura de inveja e conflito. Mas não é só o convívio que influencia o trabalho, o trabalho também influencia o convívio. Quando me pressiono constantemente no trabalho, transmitirei essa pressão também aos outros. Quando faço meu trabalho mal-humorado, enveneno também a atmosfera ao meu redor. Para São Bento, a conexão interior entre oração e trabalho é importante. O trabalho deve fluir da fonte da oração. Assim o trabalho adquire leveza e fluxo e perderá seu caráter de dureza e pressão.

Quando trabalhamos, devemos ter as mesmas posturas como na oração: entrega, humildade, amor, respeito. O próprio trabalho deve se tornar uma oração. E isso acontece quando faço meu trabalho com dedicação. Quando me entrego totalmente a ele ou me entrego às pessoas com as quais e para as quais eu trabalho, ele se transforma em uma continuação da oração. Tanto na oração como no trabalho, as posturas a serem adotadas são as de dedicação e libertação do ego. E ambos exigem amor. Os outros percebem quando eu amo meu trabalho e quando eu amo as pessoas com as quais e para as quais eu trabalho. O amor dá outro sabor ao trabalho. Para São Bento, a postura espiritual central é a humildade. Na oração, humildade significa que eu me ofereço a Deus com tudo que existe dentro de mim, também com minhas sombras, que eu sinto na presença de Deus quem eu sou como ser humano e o quanto estou aquém da imagem que Deus tem de mim. Humildade, compreendida como *humilitas*, significa ter a coragem de descer para a própria natureza terrena, para aquilo que C.G. Jung chama a sombra de um ser humano: o âmbito em que se encontram todas as emoções e necessidades reprimidas. No trabalho, a humildade se expressa quando desço para as profundezas das coisas com as quais me ocupo, quando estou em contato com aquilo que faço, com as pessoas com que converso e com as coisas que processo.

Dos artesãos que trabalham no mosteiro, São Bento exige humildade: "Se há artistas no mosteiro, que executem suas artes com toda a humildade, se o abade o permitir. E se algum dentre eles se ensoberbece em vista do conhecimento que tem de sua arte, pois parece-lhe que com isso alguma vantagem traz ao mosteiro, que seja esse tal afastado de sua arte e não volte a ela a não ser que, depois de se ter humilhado, o abade, porventura, lhe ordene de novo" (*Regra de São Bento* 57,1-3). Aqui se torna visível uma postura importante, pois humildade significa: eu me dedico totalmente ao trabalho. Eu trabalho para servir aos outros. Mas não me gabo disso, nem do dinheiro que eu ganho, nem das minhas habilidades especiais que tento provar aos outros, nem da minha importância. Para muitos, o valor de seu trabalho depende do dinheiro que ganham ou da importância da posição que ocupam na empresa. Alguns demonstram sua própria importância deixando os outros esperar e tornando-os dependentes de seu trabalho. Quando isso acontece, não estão sendo humildes. Eles não se dedicam ao seu trabalho, mas o usam para demonstrar seu poder ou para ressaltar sua própria importância.

As outras duas posturas que São Bento exige no capítulo sobre os artesãos também têm um efeito sobre o convívio numa empresa e na sociedade. São Bento exige que devem se cuidar "de não ousar cometer alguma fraude" (*Regra de São Bento* 57,4). Em cada empresa existem funcionários que querem brilhar com seu trabalho, mas que o fazem com desleixo. Muitas vezes, são os colegas que sofrem as consequências dos erros que eles escondem por trás de uma fachada brilhante. E os produtos de algumas empresas também não cumprem o que prometem, o que causa irritação e insatisfação nos clientes. Alguns até acreditam que estão sendo enganados. Assim, abre-se um abismo na sociedade entre os produtores e os consumidores, entre as empresas poderosas e os consumidores impotentes. Estes deixam de confiar nos produtores. Isso resulta em agressividade e desconfiança.

A terceira postura que São Bento exige dos artesãos é que estejam livres de avareza: "Quanto aos próprios preços, que não se insinue o mal da avareza" (*Regra de São Bento* 57,7). Ainda hoje, algumas empresas determinam os preços não de acordo com o valor de seus produtos, mas de acordo com sua influência sobre o mercado. Principalmente quando uma empresa tem o monopólio em determinada área do mercado, ela pode fixar o preço na altura que quiser e que lhe parecer aceitável ao mercado. Esse preço nada tem a ver com o valor daquilo que vende. Muitas vezes, o marketing, a venda do produto, é mais importante do que o cuidado com o qual o produto é produzido. É claro que existe também o contrário. Durante determinado período, as empresas vendem seus produtos por um preço muito baixo, para prejudicar a concorrência ou até levá-la a falência. Certamente não era isso que São Bento tinha em mente ao sugerir que os produtos do mosteiro fossem vendidos a um preço menor. Para ele, a motivação determinante era a liberdade de um espírito avarento.

Todas as três posturas – a humildade, a liberdade de fraude e avareza – têm como propósito: "para que em tudo seja Deus glorificado" (*Regra de São Bento* 57,9). No modo do trabalho torna-se, portanto, visível se Deus é glorificado ou se o ser humano coloca a si mesmo no centro, se ele usa o trabalho só para si mesmo e para sua reputação e seu ganho. Um trabalho que glorifica a Deus atrai os outros. Gostamos de observar alguém que trabalha com dedicação, com humildade, livre de fraude e avareza, e também gostamos de trabalhar com pessoas desse tipo. O trabalho que glorifica a Deus cria uma comunhão positiva, ele contamina. O trabalho em conjunto é cria um laço importante na comunidade, seja na família, na associação, no partido ou em toda a sociedade.

Uma condição importante para que as pessoas possam conviver bem é o manuseio cuidadoso e respeitoso das coisas. Do administrador financeiro, São Bento exige: "Veja todos os objetos do mosteiro e demais utensílios como vasos sagrados do altar" (*Regra de São Bento* 31,10). Isso significa que ele deve tratar também "as coisas do mundo" como um sacerdote. É isso que o sacerdócio geral significa para São Bento. Nosso sacerdócio não significa apenas que protejamos o sagrado dentro de nós. O sacerdócio se expressa também quando lidamos com as coisas do mundo como se fossem coisas sagradas. Pois tudo que existe é impregnado do espírito de Deus. Por isso, o manuseio cuidadoso das coisas faz parte da espiritualidade beneditina.

Por isso, São Bento exige dos confrades que passaram a semana servindo na cozinha: "O que vai terminar sua semana faça, no sábado, a limpeza; lavem as toalhas com que os irmãos enxugam as mãos e os pés; ambos, tanto o que sai como o que entra, lavem os pés de todos. Devolva aquele ao celeireiro os objetos do seu ofício, limpos e perfeitos" (*Regra de São Bento* 35,7-10).

Na opinião de São Bento, o manuseio atencioso das coisas do dia a dia sempre está ligado à solidariedade. Eu trato os objetos com cuidado para que o próximo possa usá-los da mesma forma como eu os recebi. Nesse sentido, o manuseio cuidados das coisas é um ato de amor ao próximo. Todos que vivem numa família ou numa comunidade sabem disso. Quando alguém entrega o carro ou a bicicleta em estado sujo ao próximo, surge briga. Quando alguém abandona a cozinha ou o banheiro em estado imundo, ele é – corretamente – repreendido. O bom manuseio das coisas permite um bom convívio.

Em algumas demonstrações, os funcionários da limpeza pública veem que os demonstrantes vão para a rua em defesa da paz ou do meio ambiente, mas que eles reagem com agressividade às pessoas que não os apoiam ou deixam para trás montanhas de lixo. Eles não se importam com aqueles que precisam limpar o que eles jogam nas ruas. O não respeito às coisas do dia a dia tem como consequência o não respeito às pessoas que precisam lidar com elas. São Bento descreve no manuseio cuidadoso das coisas e no respeito ao seu valor exatamente aquilo que nós entendemos como convívio atencioso com a criação. Esse cuidado com as coisas e com seu valor é, para São Bento, uma consequência do misticismo da criação que Evágrio Pôntico (345-399) descreveu. Esse misticismo procura vivenciar o espírito de Deus e perceber a beleza de Deus nas coisas. Em sua encíclica *Laudato si'* sobre o meio ambiente, o Papa Francisco escreve que a proteção do meio ambiente sempre apresenta também uma dimensão social. A exploração da natureza é sempre também exploração dos pobres. Quando as pessoas maltratam a natureza, elas costumam maltratar também os seus próximos. Assim, árvores doentes resultam em algum momento em pessoas doentes. Na exploração da natureza vemos a ação de um egoísmo desenfreado e cruel.

Muitas pessoas sabem disso teoricamente. Mas o nosso comportamento ainda está muito aquém desse reconhecimento. Hans Jonas intitulou sua obra filosófica principal de "princípio responsabilidade". Ele acredita que nós não somos responsáveis apenas pelas consequências das nossas ações, mas que devemos assumir a responsabilidade por este mundo de olho no futuro. Isso significa que, em tudo que fazemos e em todas as nossas decisões, devemos sempre levar em conta o que isso significa para o futuro. Hans Jonas estabelece a seguinte diretriz para o nosso comportamento: "Aja de tal forma que os efeitos de suas ações sejam compatíveis com a permanência de uma vida humana verdadeira na terra". Os jovens que participam do movimento "Fridays for future" e lutam em defesa do clima nos lembram dessa responsabilidade que temos pelo futuro do nosso planeta. Nós fazemos jus à essa responsabilidade, quando lidamos de forma atenciosa com as coisas e não as jogamos fora sem pensar duas vezes. O manuseio cuidadoso das coisas me faz pensar não só no futuro, mas também nas pessoas com as quais eu compartilho este mundo e que compartilham comigo as coisas deste mundo. Eu respeito as pessoas quando trato as coisas com cuidado.

Desculpar e perdoar

Uma comunidade só consegue conviver bem se seus membros estiverem dispostos a desculpar comportamento equivocado. Sem perdão, continuamos computando todos os males que o outro cometeu contra nós. E assim também nos achamos no direito de prejudicá-lo. Mas isso inviabiliza qualquer convívio saudável. Aquilo que não é perdoado pesa na comunidade.

São Bento sabe que também os confrades no mosteiro machucam uns aos outros. Por isso, a comunidade precisa de perdão, caso contrário, aquele que foi ferido se vingará e machucará o outro. São Bento pretende romper esse ciclo vicioso. Assim ele escreve sobre as laudes e as vésperas, as orações da manhã e da tarde: "Não termine, de forma alguma, o ofício da manhã ou da tarde sem que o superior diga, em último lugar, por inteiro e de modo que todos ouçam, a oração dominical, por causa dos espinhos de escândalos que costumam surgir, de maneira que, interpelados os irmãos pela promessa da própria oração que estão rezando: 'perdoai-nos assim como nós perdoamos', se preservem de tais vícios" (*Regra de São Bento* 13,12s.).

O pai-nosso com seu pedido de perdão recitado em voz alta purifica a atmosfera na comunidade e encoraja os monges a perdoar uns aos outros. A comunidade só pode conviver em paz se seus membros individuais estiverem dispostos a perdoar uns aos outros.

O que São Bento exige para os seus monges vale para cada comunidade. Não existe nenhum relacionamento em que os envolvidos não se machuquem. Muitas vezes, isso acontece sem intenção. Só percebemos que não fomos sensíveis em relação à sua situação quando ele reage de um jeito que manifeste sua mágoa. Muitas vezes, nós ferimos os outros porque passamos adiante os ferimentos que sofremos na nossa própria infância. O psicanalista Albert Görres disse certa vez que o mal que cometemos contra os outros é, frequentemente, um acerto de contas antigas com os devedores errados.

Outra razão pela qual ferimos outras pessoas são os padrões de vida que carregamos dentro de nós. A psicologia afirma que cada um de nós tem uma criança ferida dentro de si. Existe, por exemplo, dentro de mim a criança ignorada pelos pais. Como adulto, tenho a impressão de que meu marido ou minha esposa não me vê de verdade, não me dá a atenção necessária. A criança ignorada dentro de mim reage de modo extremamente sensível quando acredita que não recebe a atenção que merece. No entanto, meu cônjuge não pretende me ferir intencionalmente. Eu só me sinto ferido. Outro exemplo: uma mulher sempre era controlada pelo pai em sua infância. Quando ela voltava para casa, o pai perguntava o que ela fez e onde esteve. Adulta, ela vivencia como seu marido volta para casa depois do trabalho e, demonstrando interesse sincero, pergunta: "Como foi o seu dia? O que você fez?" Na verdade, é uma pergunta motivada por amor e interesse. Mas a esposa vivencia aquilo como controle. E logo se sente magoada. Quando não usamos esse tipo de ferimento para acusar o outro e aproveitamos a oportunidade para analisar juntos o que está acontecendo, nós passamos a nos conhecer cada vez mais. E aprendemos a amar o outro do jeito que ele realmente é. Deixamos de amar a imagem que tínhamos daquela pessoa e passamos a amar essa pessoa concreta. Além disso, esses ferimentos desmascaram nossas próprias autoimagens. Não precisamos mais impressionar o cônjuge e nos sentimos livres para mostrar a nossa vulnerabilidade. Dessa forma, o amor pode crescer, se fortalecer e se tornar cada vez mais autêntico.

Outros ferimentos ocorrem quando conflitos não são resolvidos aberta e honestamente, por exemplo, quando um dos cônjuges é mais generoso na educação dos filhos, seja referente ao horário de ir para a cama ou às tarefas da escola. É normal que isso gere conflitos. O importante é que os pais lidem de forma aberta e honesta com o conflito e tentem resolvê-lo de maneira justa. Às vezes, eles usam os filhos para ferir o outro intencionalmente. Isso se aplica também a outras situações em que desrespeitamos e contrariamos o outro conscientemente porque, naquele determinado momento, não estamos bem ou porque fomos feridos, e então usamos o cônjuge para aliviar a nossa frustração jogando tudo nele. Assim, um pequeno ferimento se transforma em uma grande ferida. Aqui, é preciso perdoar para romper o ciclo vicioso de ser ferido e ferir o outro. Mas como podemos perdoar de maneira saudável?

Eu sempre uso os cinco passos que considero necessários para que o perdão seja bem-sucedido:

1) O primeiro passo é sentir realmente a dor e o ferimento. Especialmente em relacionamentos, alguns preferem ignorar o ferimento. Acreditam que o ferimento não é grave. Ou eles o deixam de lado com alguma desculpa: o outro está de mau humor hoje, está tendo um dia ruim. Mas para que eu possa perdoar é necessário que eu admita: isso doeu. Devo respeitar a minha dor. Caso contrário ela não pode ser transformada.

2) O segundo passo do perdão é a raiva. Isso não significa que eu deva gritar com o outro. A raiva é, antes, a força para me distanciar dele. No entanto, isso não é fácil num relacionamento. No fundo, eu quero a proximidade com o parceiro. Mas a agressividade é aquilo que me dá a força necessária para me distanciar do ferimento. A agressividade pretende me proteger para que eu impeça que o ferimento se torne profundo demais. Eu tento sentir o que se passa dentro de mim. E quando sinto isso, consigo me distanciar do ferimento.

3) O terceiro passo consiste em entender objetivamente o que realmente aconteceu. Depois, poderei perguntar pelas razões: o outro acabou de repassar para mim o seu próprio ferimento? Foi a criança ferida nele que reagiu? Suas palavras acertaram meu ponto fraco? Será que ele realmente quis me ferir? Ou será que ele não está conseguindo dar conta de tudo neste momento e descarregou sua irritação em mim? Nesse passo, eu tento entender o que aconteceu. Entender

não significa desculpar. Mas quando entendo a reação do outro e a minha própria reação, eu consigo assumir minha posição. Eu paro de acusar a mim mesmo por ser tão sensível ou de acusar o outro por ser tão mau comigo.

4) O quarto passo é, então, o perdão propriamente dito. No entanto, perdoar não significa ceder, não significa que o outro pode me ferir sempre que quiser. Isso seria uma reação passiva que não faz bem. Perdoar é um ato de libertação. Eu me liberto da energia negativa que foi gerada dentro de mim por meio do ferimento. Eu me purifico de minha amargura. E eu me liberto do poder que o outro tem sobre mim. Quando não consigo perdoar, permaneço amarrado a ele. Giro constantemente em torno dele. Perdoar significa: devolver. Eu permito que o ferimento permaneça com o outro. Suas palavras deixam de me dominar. A pergunta, porém, é como o relacionamento se apresenta após o perdão. Por meio do perdão, o relacionamento pode se tornar mais intenso: nós dois sentimos quão sensíveis somos. Nós nos conhecemos também com nossas emoções negativas e com a tendência de ferir o outro. Isso torna os dois humildes. E assim podemos, mais uma vez, nos reaproximar. No entanto, é possível também que eu perdoei, mas ainda não consigo confiar totalmente no outro. Quando o cônjuge me traiu, por exemplo, eu posso perdoá-lo, mas ainda não consigo confiar nele. Eu só poderei voltar a confiar se o outro realmente se arrepender de seu erro e se eu sentir que seu arrependimento é sincero. O que me diz como meu relacionamento pode ser depois do perdão é a minha intuição. Devo ouvir a minha intuição: posso voltar a confiar no outro? Preciso de mais

distância? Isso vale também quando colegas no trabalho ou amigos me ferem. Quando um colega de trabalho me feriu, perdão significa deixar que o ferimento fique com ele e que eu não fique ressentido por causa dele. Mas é possível e totalmente plausível que, no futuro, eu seja um pouco mais cauteloso em relação a ele. Talvez a minha intuição me diga que eu deva evitar a sua proximidade. Mesmo assim eu o perdoei. Não giro mais em torno do meu ferimento.

Uma mulher me contou que seu pai abusou dela sexualmente. Ela fez uma longa terapia. No fim, ela acreditou que, agora, ela conseguiria perdoar o pai. Ela o visitou para comunicar isso a ele. Mas assim que entrou na casa, ela teve de vomitar. Ela ficou decepcionada consigo mesma e se culpou: "No final das contas, eu não consegui perdoar!" Eu lhe respondi: "Sim, você perdoou. E talvez o perdão até já tenha descido da cabeça até o coração, mas ainda não chegou na barriga. O seu corpo está lhe dizendo que você ainda não suporta a proximidade do seu pai. Mas você pode ter a esperança de que, em algum momento, seu corpo lhe dará a permissão de vivenciar a proximidade do seu pai".

5) O quinto passo consiste em transformar as feridas em pérolas. Essa imagem foi criada por Hildegard von Bingen. O que isso significa? O que Hildegard descreve vale, é claro, principalmente para as feridas que sofremos na infância. Quando somos feridos em algum lugar, aquele lugar é também aberto para que sigamos um caminho. Agora conseguimos entender melhor as outras pessoas. Os ferimentos que eu vivencio no relacionamento ainda não passaram. Eles voltam a acontecer sempre de novo e voltam a

doer. Eu só posso vê-los como uma chance de não me acomodar no relacionamento iludindo-me com uma suposta tranquilidade e segurança. Os ferimentos que sofremos nos mantêm vivos e nos incentivam a trabalhar constantemente para melhorar o relacionamento. E eles me abrem para que eu encare minha própria verdade, minha vulnerabilidade e minha sensibilidade com honestidade. Eles me desafiam a seguir meu caminho até o fundo da minha alma. Lá, ninguém pode me ferir. O fundo da minha alma é o espaço em que Deus habita em mim. Ou como disse Jesus: "O reino de Deus está em nós" (Lc 17,21).

Lá, onde Deus domina em mim, as pessoas não podem governar sobre mim. E lá também não podem me ferir. Assim, os ferimentos são também uma chance de mergulhar ainda mais no fundo da minha alma e de encontrar aqui um lugar de refúgio onde ninguém consegue me depreciar nem magoar.

O perdão sobre o qual São Bento escreve em sua Regra se refere ao perdão entre os confrades. O perdão como fundamento para um bom convívio na sociedade também acontece primeiro entre pessoas individuais. Pessoas que se recusam a perdoar umas às outras envenenam a atmosfera na sociedade. Pois a hostilidade não permanece limitada a indivíduos. Automaticamente, ela se propaga. Numa empresa, quando o chefe se recusa a perdoar um funcionário que o magoou, todos passam a sofrer com isso. Quando dois funcionários se recusam a perdoar um ao outro, eles formarão grupinhos, e o seu conflito pode chegar até o centro da empresa. Na nossa sociedade, existem, porém, também grupos que feriram outros grupos. Sim, existem até estados que ferem outros estados. Durante o governo nazista, a Alemanha feriu profundamente todo o povo dos judeus. Por isso era necessário que a liderança política da Alemanha admitisse repetidamente a sua culpa e pedisse perdão ao povo de Israel pelas atrocidades que os antepassados alemães cometeram contra os antepassados judeus. Muitos políticos judeus responderam que estariam dispostos a perdoar, mas não a esquecer. E essa injustiça não pode ser esquecida. Ela só seria reprimida. Mas o perdão é a condição para que os povos consigam conviver em paz em longo prazo.

Também na Alemanha e na França depois da guerra houve políticos que se dispuseram a perdoar as atrocidades que os dois países cometeram contra seus respectivos povos no passado. Esse perdão no mais alto nível governamental teve como consequência que também os habitantes desses países se mostraram dispostos a perdoar. Mas o perdão precisa de tempo para que ele ocorra não só na cabeça, mas também no coração.

Também dentro de um país sempre aparecem grupos que ferem outros grupos. Durante séculos, as mulheres foram feridas pelos homens. Estrangeiros foram e ainda são feridos com frequência. De um lado, é preciso fazer aquilo que Alexander Mitscherlich chama de "ficar de luto": a injustiça precisa ser verbalizada, contemplada e lamentada. Então o perdão se torna possível. Sem o luto – assim afirma Mitscherlich – uma sociedade enrijece. Expor, lamentar e perdoar a injustiça cometida são as três precondições mais importantes para que uma sociedade consiga viver em paz e seguir seu caminho para novos horizontes.

Ser um

A filosofia grega era marcada por um profundo anseio pela união e unidade. Já na época, as pessoas vivenciam multiplicidade e diversidade no mundo externo – e, muitas vezes, isso trazia desequilíbrio e desunião. Por isso, a filosofia se concentrou no pensamento: além da multiplicidade deve existir também o uno, a partir do qual a multiplicidade se desenvolveu. Para Parmênides, o uno é o fundamento de todo ser. Como imagem, ele usa a esfera, que representa tanto encerramento como plenitude perfeita. Heráclito entende o uno de forma um pouco diferente. Em sua opinião, o uno une todos os opostos. O oposto tem sua origem num fundamento comum. Platão desenvolve esse pensamento. Sua filosofia gira em torno da relação entre o uno e o muito e entre o muito e o uno. Agostinho acata esse pensamento quando defende que toda a multiplicidade, incluindo todos os seres humanos, teve sua origem em Deus, no fundamento de todo ser. No entanto, Agostinho, diferentemente dos teólogos gregos antes dele – não visa somente à unidade de Deus e ao problema de como o Deus trino pode ser simultaneamente um. Ele contempla também o ser uno do ser humano. O ser humano teve sua origem num fundamento de Deus, hoje, porém, vivem numa situação que Agostinho descreve como *dispersio* (dispersão), *discissio* (cisão), *distentio* (distenção) e *dissimilitudo* (alteridade). Assim, a tarefa dos seres humanos consiste em se reunirem em direção à origem divina una. Quando os seres humanos se conscientizam de sua origem no uno, eles também podem se tornar um uns com os outros. No discurso no Areópago, que Lucas atribui a Paulo, ele destaca a unidade de Deus, semelhante ao ensino da filosofia estoica. Mas então ele se refere também à unidade do ser humano. Deus "do Uno fez nascer todo o gênero humano, para povoar toda a face da terra" (At 17,26). Muitos exegetas traduzem aqui: de um só ser humano fez nascer todo o gênero humano. Mas isso significaria propagar um monogenismo. Essa não é a intenção de Lucas. Ele está se referindo à filosofia grega do uno, do *to hen*. O uno se refere também ao cosmo: fomos criados a partir do mesmo pó estrelar como o cosmo. Por isso existe uma unidade essencial com tudo que existe: com o cosmo, com as plantas, com os animais e com todos os seres humanos. Quando nos conscientizamos dessa unidade com todo o ser, nós tratamos o cosmo, as plantas, os animais e os seres humanos de outra maneira. Nós nos sentimos um com tudo que é.

Bento escreve sobre ser um no capítulo sobre o abade. O abade deve tratar todos com igualdade. E São Bento justifica isso assim: "Servo ou livre, somos todos um em Cristo e sob um só Senhor caminhamos submissos na mesma milícia de servidão" (Regra de São Bento 2,20). O texto em latim usa a expressão *unum sumus*. Isso corresponde aos ensinamentos da filosofia grega. Cada um de nós não é um (*unus*), todos nós somos um. São Bento se refere aqui ao trecho na carta aos Gálatas: "Todos vós, que fostes batizados em Cristo, vos revestistes de Cristo. Já não há judeu nem grego, nem escravo nem livre, nem homem nem mulher, pois todos vós sois um só em Cristo Jesus" (Gl 3,27s.). Paulo fala de "um só", São Bento diz que somos "todos um". No fundo, todos nós somos um porque servimos a um Senhor. São Bento ressalta o serviço a este mesmo Senhor também em seu capítulo sobre o acolhimento de monges peregrinos: "Em todo lugar se serve a um só Senhor, milita-se sob um só Rei" (*Regra de São Bento* 61,10). Esse serviço nos une.

Duas vezes, São Bento escreve que os monges devem ir à leitura comunal "*in unum occurrentibus*", ou seja, que devem se reunir em um, e que, somente quando eles "*in unum positi*", quando estiverem reunidos em um, eles devem cantar as completas. Em outras palavras, a experiência da união, do ser um, é necessária para que possam ouvir juntos a palavra de Deus e cantar juntos os salmos nas completas.

Os Padres da Igreja trataram do tema da união repetidamente sobretudo na oração comunal. Quando os muitos entoam o mesmo tom, eles se tornam um. Cantar os salmos tem o poder de reunir pessoas tão diferentes como as representadas pelos monges em uma única ação, em um único tom. João Crisóstomo, bispo de Constantinopla (354-407), afirmava que o ato de cantar os salmos reunia e unia todos: escravos e livres, jovens e velhos, ricos e pobres, mulheres e homens (cf. *Patrologia Graeca* 63,468). Ambrósio, outro Padre da Igreja, acreditava que a salmodia une aqueles que se encontram divididos pelo conflito. Ela tem a força de reunir uma grande multidão em um único coro. Agostinho, por fim, fica maravilhado diante do fato de que, na oração comunal, muitos cantam juntos e os muitos se tornam um. Em sua opinião, cumpre-se aqui a petição de Jesus de que todos sejam um só (cf. Jo 17,21). Assim Agostinho exclama: "*In uno estote, unum estote, unus estote!*" – "Estais em um, sois um, sois um só!" (*Patrologia Latina* 35,1489).

Muitos que cantam num coro fazem a experiência de que, por meio do canto ou da música, as pessoas se tornam um. O pianista e maestro argentino-israelense Daniel Barenboim fundou a "West-Eastern Divan Orchestra". Metade dos membros dessa orquestra é da Palestina, a outra, de Israel, para que vivenciem a união através da música que fazem juntos. Quando você faz música com outros, você não pode lutar contra eles. Portanto, a música poderia ser um bom caminho para dissolver tensões na nossa sociedade e reconciliar as pessoas umas com as outras.

No entanto, a experiência da união é importante para mim também no convívio pessoal. Lucas descreveu isso de forma maravilhosa, quando Maria e José procuraram seu filho de doze anos por três dias em Jerusalém porque ele não tinha retornado para Nazaré com eles. Quando finalmente o encontram no templo, Maria diz a Jesus: "Filho, por que agiste assim conosco? Olha, teu pai e eu, aflitos, te procurávamos" (Lc 2,48). Mas Jesus respondeu: "Por que me procuráveis? Não sabíeis que eu devia estar naquilo que pertence ao meu Pai?" (Lc 2,49).

Maria não entende nada daquilo que Jesus diz. Mas ela guarda todas as palavras em seu coração. O texto grego usa aqui a palavra *remata*. Isso significa guardar ao mesmo tempo as palavras e o evento, ou seja, a situação em que Jesus disse as palavras. Existe uma passagem semelhante na história de Natal, pois Maria também guarda as palavras ditas a ela pelos pastores no seu coração. Aqui, porém, Lucas usa a palavra *synterein*. Significa ver em conjunto. Maria vê as palavras dos pastores juntamente com seu filho na manjedoura. Aqui, as palavras interpretam o evento para ela. E assim as palavras dos pastores permitem que ela entenda melhor a sua criança. Mas naquilo que Jesus lhe diz, ela não consegue ver nada em conjunto. Por isso Lucas usa aqui a palavra *diaterein*. Ela significa: enxergar através de algo. Maria enxerga o fundo da sua alma por trás das palavras de Jesus e do evento, que ela não entende. Aqui ela se sente uma com Jesus. Para mim, essa é uma imagem linda: quando os pais não entendem seus filhos na adolescência, eles deveriam, como Maria, enxergar através de seu comportamento caótico e seus sentimentos agitados até o fundo de sua alma. Aqui, no fundo da alma, eles são um com seu filho que segue caminhos totalmente diferentes, com a filha que virou as costas para os pais. E, partindo dessa união interior, eles podem ter a esperança de que, em algum momento, uma união consciente volte a ser possível. Eles não desistem da união.

Também no relacionamento fazemos bem em nos lembrar sempre de novo dessa união interior. Principalmente quando os cônjuges estão brigando ou quando se distanciaram um do outro e não conseguem entender o outro, faz bem saber que, no fundo, somos um. As diferenças que nos separam no momento não podem destruir essa união. Quando, em meio a uma briga ou numa fase difícil na qual não nos entendemos, nós nos conscientizamos da nossa união no fundo da nossa alma, a briga é relativizada e o fato de não entendermos um ao outro passa a pesar menos sobre nós. Na cabeça e talvez nem mesmo no coração conseguimos entender um ao outro. Mas a união no fundo da nossa alma permanece. Isso nos dá a esperança de que voltaremos a encontrar um fundamento comum no nosso pensar e sentir, no nosso falar e agir.

Essa é uma imagem importante para mim: no fundo todos os seres humanos são um. Mas no nível do consciente existem muitas diferenças que, muitas vezes, não conseguimos superar. Há briga, conflitos, diferenças de opinião, lutas. Deveríamos enxergar através dessas diferenças até vermos o fundo da nossa alma. No fundo da alma, podemos nos sentir um apesar de tudo. Podemos ter a esperança de que essa união no fundo da nossa alma resulta também numa união no nível consciente.

Ser um sempre apresenta também uma dimensão espiritual. Evágrio Pôntico define: "Um monge é um ser humano que se separou de tudo e que, mesmo assim, se sente conectado com tudo" (Evágrio Pôntico, *Über das Gebet*, cap. 124). E: "Um monge sabe que é um com todos os seres humanos, pois sempre ele se encontra em cada ser humano" (Evágrio Pôntico, *Über das Gebet*, cap. 125).

No silêncio alcanço o fundo da minha alma. E lá me sinto um com todos os seres humanos. Em cursos de meditação, os participantes vivenciam com frequência: eles não conhecem os outros que estão ali em silêncio com eles. Mas o silêncio une as pessoas. E, de repente, eles sentem uma união profunda. Muitos falam então de uma experiência de êxtase. E quando falam dessa experiência, eles sentem que, no fundo de sua alma, eles anseiam por essa união. Pois muitas vezes sofrem porque se sentem separados das pessoas, porque sentem que, também dentro de si mesmos, eles estão divididos. Quando vivenciam a união com outras pessoas, elas sentem também o que significa ser um consigo mesmo. Param de separar e reprimir partes de si mesmos. No silêncio, sentem que são um consigo mesmos e com os outros. E essa união gera uma paz interior profunda. Em 25 de outubro de 1968, poucos dias antes de sua morte, Thomas Merton falou dessa união num discurso feito na presença de representantes de diferentes religiões. Ele encerra sua fala com as palavras: "O tipo mais intenso de comunicação é a Comunhão. Ela acontece sem palavras. Ela ocorre num nível sem palavras, sem planejamento. Na Comunhão, não descobrimos uma união nova. Descobrimos uma união muito antiga. Meus queridos irmãos, nós já somos essa união, mas acreditamos que ainda não a alcançamos. E é isso que devemos reencontrar: nossa união original. Nós já somos o que devemos ser" (Merton, *Asiatisches Tagebuch*, p. 188).

A união da qual Thomas Merton fala se refere sobretudo à união que os representantes de todas as religiões sentem no fundo de sua alma. Ela é mais profunda do que qualquer fala sobre fundamentos teológicos. Thomas Merton sugere que devemos respeitar as diferenças quando falamos: "Existem diferenças que não podem ser discutidas, e é uma tentação inútil e estúpida tentar resolver tais diferenças através de uma discussão. Permitamos que elas existam até o momento em que a compreensão mútua tenha crescido ainda mais" (Merton, *Asiatisches Tagebuch*, p. 197).

Depois de sua palestra em Calcutá, Thomas Merton convidou todos os representantes presentes a se levantarem e darem as mãos. Então ele formulou uma oração espontânea: "Ó Deus, somos um contigo. Tu nos fizeste um contigo. Tu nos ensinaste que tu habitas em nós quando nos abrimos uns para os outros. Ajuda-nos a preservar essa abertura e a lutar por ela com todo o nosso coração". E ele encerra a oração com as palavras: "Preenche-nos com amor e faze com que sejamos unidos em amor quando agora seguirmos os nossos caminhos, unidos neste mesmo espírito no qual tu estás vivo neste mundo, que faz de ti a prova daquela realidade última que é o amor. O amor conseguiu. O amor venceu. Amém" (Merton, *Asiatisches Tagebuch*, p. 199).

Hoje em dia, a união é uma necessidade absoluta para o convívio entre as diferentes religiões se quisermos que este mundo sobreviva. Pois nos últimos anos, têm sido principalmente os movimentos religiosos que têm lutado uns contra os outros. Entendemos algo errado quando uma religião luta contra a outra. Por isso é importante vivenciarmos a união no fundo da nossa alma para convivermos de forma saudável também no nível consciente. Encontramos uma ajuda nas declarações dos filósofos gregos, que, mais tarde, foram acatadas pelos Padres da Igreja: o uno é o fundamento de todo ser e o uno é o próprio Deus. Por isso só pode existir um único Deus para o qual todos nós olhamos, mesmo que tenhamos imagens diferentes dele.

Thomas Merton não se cansa de repetir que o caminho espiritual deveria capacitar os seres humanos a transcender o eu empírico e a sentir-se um com todas as pessoas. Ele afirma sobre esse ser humano espiritual: "De certa forma, ele se tornou um ser humano 'cósmico' e 'universal'. Ele alcançou uma identidade e integridade mais profunda do que aquela no nível de seu eu limitado, que representa apenas um fragmento de seu ser. De certo modo, ele se tornou um com todos" (Merton, *Im Einklang mit sich und der Welt*, p. 123). Por isso, a espiritualidade exerce uma função importante neste mundo fragmentado e dividido. Ela deve capacitar o ser humano a se sentir um no fundo de sua alma com todos os outros seres humanos. A despeito de todas as divisões que separam a sociedade nos dias hoje, isso gera esperança, reconciliação e comunhão.

A consciência de que, no fundo, somos um, deveria valer não só em relação às religiões, mas também em relação a todas as pessoas, independentemente de sua cultura, cor e nação. No fundo, todas elas são um. Todas têm a mesma dignidade. Deus habita em todas elas. Por isso temos a responsabilidade neste mundo globalizado de garantir que os direitos de cada um sejam protegidos. Hoje em dia, damos importância excessiva às diferenças. Ficamos inventando maneiras de estabelecer limites para nos separar dos outros e criando critérios para determinar quem e quem não pertence à nossa comunidade. Quando nos sentimos um no fundo, essas diferenças se dissolvem e deixam de importar. A meu ver, a tarefa dos monges hoje é viver essa união entre as pessoas de cor, nação e origem diferentes e de, assim, servir como exemplos. Isso não acontece sem esforço. É um esforço constante garantir que todos sejam tratados de forma justa.

Para São Bento é muito importante que todos sejam tratados com igualdade: o abade "não anteponha o nascido livre ao originário de condição servil" (*Regra de São Bento* 2,18). E: "Seja, pois, igual a caridade dele para com todos; que uma só disciplina seja proposta a todos" (*Regra de São*

Bento 2,22). O que São Bento recomenda aos monges seria também um bom convite para nós de lidar com as pessoas no nosso ambiente: não fazer diferenças entre as pessoas na hora de dar atenção a elas, tratar o fugitivo com a mesma amabilidade com que tratamos o chefe da nossa empresa, estar cientes da nossa união interior e criar assim uma cultura de convívio que une e conecta e que não divide.

Essa união, porém, inclui não só os seres humanos. O movimento ecológico nos sensibilizou para o fato de que somos um também com toda a criação. Fomos criados a partir do mesmo pó estrelar como o cosmo. A experiência dessa união interior entre seres humanos e cosmo faz com que tratemos a criação com cuidado. Pois em tudo reconhecemos a nós mesmos.

E uma ecologia espiritual como a representada pelo teólogo brasileiro Leonardo Boff nos diz que encontramos Deus em tudo que é. Pois tudo está impregnado com o espírito de Deus, tudo é penetrado pelo amor de Deus. A experiência dessa união com a natureza, com a matéria, com as plantas e os ânimos é uma experiência de Deus. Nesse contexto, Leonardo Boff cita uma palavra de Jesus encontrada no evangelho cóptico de Tomé e que muitos atribuem ao próprio Jesus: "Eu sou a luz que brilha sobre tudo. Eu sou o próprio universo. Tudo nasceu de mim e retornou para mim. Cortem a lenha – e eu estou presente. Levantem a pedra – e vocês me encontrarão" (*Evangelho de Tomé* 77, em: Koller/Ebert).

Quando sabemos que Cristo é tudo em tudo, isso nos leva a um convívio e a um cuidado com tudo, e nos conduz a uma espiritualidade arraigada na terra que São Bento defende em sua Regra.

Considerações finais

Em sua Regra, São Bento nos oferece muitos impulsos e ideias para uma comunidade bem-sucedida. E as experiências que os beneditinos fazem há 1500 anos com a sua Regra podem nos ajudar a traduzir essas ideias também para o nosso tempo. As comunidades humanas – empresas, associações, igrejas, partidos políticos, mas também famílias e círculos de amigos – não podem seguir a *Regra de São Bento* literalmente. Mas se a lerem diante do pano de fundo de sua própria situação concreta, elas encontrarão muitas dicas para garantir que o convívio pode ser bem-sucedido também neste mundo individualizado de hoje. São Bento está ciente de que uma comunidade ideal é impossível. Ele não nos esmaga com apelos moralizantes e não provoca sentimento de culpa em nós quando o nosso convívio não é tão bom quanto poderia ou deveria ser. Ele nos convida a nos aventurar sempre de novo nesse caminho e nesse esforço de entender os outros, de conviver bem uns com os outros e de vivenciar a união interior no fundo da nossa alma.

É um caminho de exercícios no qual nunca podemos ficar parados. Nesse caminho para um convívio saudável, fracassaremos repetidas vezes ou chegaremos aos nossos limites. E nunca alcançaremos o nosso destino que nos permitiria dizer: agora temos uma comunidade ideal. Justamente quando acreditamos que todos nós nos damos bem – na família, na empresa, na igreja – experimentamos algum revés. Quando isso acontece, devemos partir novamente na busca pelo convívio que desejamos. E nesse caminho teremos a felicidade de vivenciar aquilo que o salmista expressa tão bem: "Como é bom e agradável irmãos viverem unidos! É como óleo precioso sobre a cabeça, a escorrer pela barba, a barba de Aarão, a escorrer pela gola de suas vestes" (Sl 133,1s.).

Não podemos nos agarrar a essa experiência passageira. Mas quando recebemos o presente de fazê-la cheios de gratidão, nasce em nós a esperança de que essa felicidade do convívio harmonioso pode ser vivenciada de vez em quando. E por causa dessa experiência, vale a pena trabalhar e investir num convívio saudável. *A Regra de São Bento* e as experiências que os monges estão fazendo há 1500 anos em sua comunidade querem nos apoiar e fortalecer nesse caminho.

Referências

Agostinho. "In Ioannis evangelium tractatus CXXIV". In: Migne, J.-P. (org.). *Patrologia Latina*. Vol. 35. Paris, 1845.

Backofen, R. *Tao Te King* – Text und Einführung. Munique, 1970.

Beierwaltes, W. Hen. In: *Reallexikon für Antike und Christentum*. Vol. 14, p. 445-472.

Die Benediktsregel – Eine Anleitung zu christlichem Leben, Der vollständige Text der Regel übersetzt und erklärt von Georg Holzherr. 7. ed. Einsiedeln, 2007.

Die Regel des heiligen Benedikt [Regra de São Bento] – herausgegeben im Auftrag der Salzburger Äbtekonferenz. 4. ed. Beuron, 2005.

Evágrio Pôntico. *Über das Gebet/Tractatus de oratione*. 2. ed. Münsterschwarzach, 2017 [Quellen der Spiritualität, vol. 4].

Fromm, E. *Haben oder Sein* – Die seelischen Grundlagen einer neuen Gesellschaft. Stuttgart, 1976.

Grün, A. & Boff, L. *Neu denken – eins werden*. Gott erfahren im Menschen und in der Welt. Münsterschwarzach, 2017.

Grün, A. & Ruppert, F. *Christus im Bruder* – Benediktinische Nächsten- und Feindesliebe. 8. ed. Münsterschwarzach, 2019 [Münsterschwarzacher Kleinschriften, vol. 3].

Grün, A. & Seuferling, A. *Benediktinische Schöpfungsspiritualität*. 4. ed. Münsterschwarzach, 2015 [Münsterschwarzacher Kleinschriften, vol. 100].

Grün, A. *Chorgebet und Kontemplation*. 4. ed. Münsterschwarzach, 2015 [Münsterschwarzacher Kleinschriften, vol. 50].

Grün, A. *Glückseligkeit* – Der achtfache Pfad zum gelingenden Leben. 2. ed. Freiburg im Breisgau, 2007.

Guardini, R. *Tugenden* – Meditationen über Gestalten sittlichen Lebens. Würzburg, 1963.

João Crisóstomo. "Homilia prima". In: Migne, J.-P. (org.). *Patrologia Graeca*. Vol. 63. Paris, 1862.

Jonas, H. *Das Prinzip Verantwortung* – Versuch einer Ethik für die technische Zivilisation. Frankfurt am Main, 2003.

Koller, D. & Ebert, A. *Verborgene Jesusworte* – Meditationen zum Thomasevangelium. Münsterschwarzach, 2013.

Marco Aurélio. *Des Kaisers Marcus Aurelius Selbstbetrachtungen*. Stuttgart, 1971.

Marco Aurélio. *Wege zu sich selbst*. Frankfurt, 2009.

Merton, T. *Asiatisches Tagebuch*. Zurique, 1987.

Merton, T. *Im Einklang mit sich und der Welt*. Zurique, 1992.

Rohr, R. & Ebert, A. *Das Enneagramm* – Die neun Gesichter der Seele. Munique, 2019 [em português: *O eneagrama: as nove faces da personalidade*. Petrópolis: Vozes, 2013].

Conecte-se conosco:

f facebook.com/editoravozes

◉ @editoravozes

🐦 @editora_vozes

▶ youtube.com/editoravozes

◯ +55 24 99267-9864

www.vozes.com.br

Conheça nossas lojas:

www.livrariavozes.com.br

Belo Horizonte – Brasília – Campinas – Cuiabá – Curitiba
Fortaleza – Juiz de Fora – Petrópolis – Recife – São Paulo

  Vozes de Bolso

EDITORA VOZES LTDA.
Rua Frei Luís, 100 – Centro – Cep 25689-900 – Petrópolis, RJ
Tel.: (24) 2233-9000 – E-mail: vendas@vozes.com.br